Expedition Wissen

Indianer

Expedition Wissen

Indianer

Ravensburger Buchverlag

Inhalt

Hier geht's weiter! Komm mit ins Buch!

Zu diesem Buch

Knack den Code!
- Spannende Rätselfragen
- Fragen sind durchnummeriert, diese Nummern finden sich auf der Schatzkarte auf Seite 72 wieder
- In Klammern angegebene Buchstaben merken
- Lösungsbuchstaben werden auf der Schatzkarte eingetragen: Gewinnspiel
- Gewinnmöglichkeit auch im Internet (mehr dazu auf Seite 80)

Wie die Indianer wohnten

Knack den Code!
4. Was musste ein Bräutigam der Familie seiner Braut zahlen?
(1. Buchstabe)

In ihren verschiedenen Lebensräumen hatten die Indianer sehr unterschiedliche Behausungen. Die bekanntesten Wohnformen waren das Tipi und der Wigwam. Diese beiden werden oft verwechselt, sind aber nicht dasselbe.

Ein Wigwam war kein Stangenzelt, sondern eine Rundhütte.

Tipi
Die Prärie-Indianer, die von Ort zu Ort zogen, lebten in Tipis. Diese Stangenzelte waren für sie am praktischsten, weil man sie innerhalb einer Stunde aufbauen konnte. Das Gerüst eines Tipis bestand aus dünnen Baumstämmen und wurde mit Bisonhäuten bedeckt. In der Mitte des Zelts befand sich eine Feuerstelle und an der Spitze war eine Öffnung für den Rauchabzug.

Wigwam
Viele Wald-Indianer wohnten in Wigwams. Das waren Rundhütten, die mit Birkenrinde oder Schilfmatten, manchmal auch mit Lederplanen abgedeckt waren. Im Winter schichtete man über die Abdeckung weitere Matten und Tannenzweige zum Schutz vor der Kälte.

Kaum zu glauben
Die Indianer setzten schon Kleinkinder aufs Pferd, damit sie reiten lernten. Das erste eigene Pferd bekam ein Junge oft schon mit fünf Jahren.

Bei manchen Stämmen hatte das Tipi einen Durchmesser von 4 Metern, bei anderen von 10 Metern.

Kaum zu glauben
- Informative Fakten, die unterhalten und verblüffen

Verschiedene Textsorten
- Zeitungsartikel, Briefe, Postkarten, Tagebucheinträge oder Listen

Lust auf Abenteuer?

Wenn du dich für Indianer interessierst und zwischen 8 und 12 Jahre alt bist, dann bist du in unserem Feriencamp „Leben wie die Indianer“ genau richtig! Du darfst dir aussuchen, wo du übernachten willst: in einem Tipi, Wigwam oder Hogan. Und du lernst eine Menge Neues über die Lebensweise der Indianer.

Nur noch wenige Plätze frei – schnell anmelden!

Langhaus

Das Langhaus, die typische Behausung der Irokesen, war tatsächlich von beachtlicher Länge: bis zu 30 Meter! Mehrere Familien fanden darin Platz. Ihre Wohnräume waren durch Wandschirme voneinander getrennt. Durch die Mitte des Hauses verlief ein Gang mit mehreren Feuerstellen.

Wie schützten die Irokesen ihre Häuser? ➡ Seite 14/15
Wie transportierten die Prärie-Indianer ihr Hab und Gut? ➡ Seite 46/47

Um ein Tipi aufzubauen, brauchte man schon etwas Übung!

Comic
- Lustige Bildergeschichten mit Pfiff vertiefen wichtige Informationen

Regeln zu den Mahlzeiten
- Erwachsene essen als Erste
- Kinder müssen warten und still sitzen
- Gäste bringen eigene Löffel und Teller mit
- Löffel und Teller spült jeder selbst

Steckbriefe und Biografien
- Stichwortartig zusammengefasste Daten und Fakten

In einem Langhaus der Irokesen hatten bis zu 100 Menschen Platz.

Lies mal weiter!
Seite 12, 18, 70
www.expedition.wissen.de
Wigwam

Lies mal weiter!
- Link zur Homepage www.expedition.wissen.de
- Suchbegriff im weißen Feld für Eingabe auf Homepage
- Verweis auf weiterführende Seiten im Buch

Du entscheidest selbst!
- Was interessiert dich am meisten?
- Auf welcher Seite willst du weiterlesen?

Weites Indianerland

Ursprünglich lebten auf dem gesamten amerikanischen Kontinent nur die Indianer. Bevor Kolumbus 1492 in Amerika landete, machte ihnen niemand ihr weites Land streitig. Die Indianer entwickelten ganz unterschiedliche Lebensformen: In den Wüsten bauten sie Lehmhäuser, in den Waldgebieten Holzhäuser. An der Meeresküste gingen sie auf Walfang und in der Prärie jagten sie Bisons.

Die ersten Amerikaner

Vermutlich wanderten die ersten Menschen vor 30 000 Jahren von Asien nach Amerika ein. Auf der Suche nach Nahrung kamen sie über eine kleine Landbrücke hoch oben im Norden, die später im Meer versank. Sie folgten den Mammutherden und breiteten sich über den ganzen Erdteil aus. So entstanden im Lauf der Zeit viele Völker mit den unterschiedlichsten Lebensformen.

Geniale Baumeister

Ein Volk, das für seine großartigen Bauwerke berühmt wurde, waren die Anasazi. Sie siedelten sich im 1. Jahrhundert n. Chr. im Südwesten Nordamerikas an und errichteten ihre Häuser meistens an Felswänden über Schluchten. Das bekannteste Beispiel ist Mesa Verde im heutigen Bundesstaat Colorado: Diese unter einem überhängenden Felsen errichtete Wohnanlage bestand aus mehr als 200, teilweise unterirdischen Räumen.

Riesige Bauwerke

Die Anasazi bauten auch Häuser auf ebenem Boden, von denen das größte Gebäude Pueblo Bonito war. Das halbkreisförmige, mehrstöckige Bauwerk hatte mehr als 800 Räume. Eine ähnliche Bauweise übernahmen später die Pueblo-Indianer, die Nachfahren der Anasazi.

Abhängig von den Lebensbedingungen entwickelten die Indianervölker unterschiedliche Kulturen.

Lebensräume der Indianer

Nicht nur der Südwesten Nordamerikas war das Zuhause berühmter Indianervölker. Auch in anderen Teilen des Landes fanden die Indianer geeignete Lebensräume und pflegten dort ihre eigenen Sitten und Gebräuche: Der Osten wurde die Heimat der Wald-Indianer, im Nordwesten lebten die Küsten-Indianer und im Landesinneren zogen die Prärie-Indianer durch die weite Grassteppe.

Im 19. Jahrhundert beschrieben Besucher Mesa Verde als „ein verzaubertes Schloss".

Knack den Code!

1. Welcher Stamm ist für seine Bauwerke berühmt?
(7. Buchstabe)

In Pueblo Bonito war Platz für mehr als 1000 Menschen.

Lies mal weiter!
Seite 26, 44, 68
www.expedition.wissen.de
Mammutjagd

Pueblo-Indianer

Bei den Hopi hatten Puppen auch eine religiöse Bedeutung.

Wie ihre Vorfahren, die Anasazi, lebten auch die Pueblo-Indianer im Südwesten Nordamerikas, in einer Landschaft mit Wüsten und Halbwüsten. Auf teils bewässerten Feldern bauten sie Mais, Kürbisse und Bohnen an und waren Meister im Weben und Töpfern.

Mit Leitern von Haus zu Haus

Das Wort „Pueblo" stammt aus dem Spanischen und bedeutet Dorf. Die Pueblo-Indianer lebten in terrassenförmig übereinanderstehenden Lehmbauten. Die Häuser hatten flache Dächer, und man konnte nur mit Leitern von einem Stockwerk ins andere gelangen. Auf den Dächern spielte sich das Leben ab: Hier wurde gekocht und gearbeitet, gespielt und gefeiert. Die Eingänge lagen oft erhöht, und wenn die Leitern eingeholt wurden, konnte man nicht mehr in die Häuser gelangen. So versuchten sich die Bewohner vor Eindringlingen zu schützen.

Hopi und Zuni

Die bekanntesten Volksgruppen der Pueblo-Indianer sind die Hopi und die Zuni. In der Religion der Hopi spielte der sogenannte Kachina-Kult eine große Rolle. In einem Tanzritual sollte

Hopi
- Sesshafte Ackerbauern
- Besonders bekannt für ihre Töpfer- und Webkunst
- Große Bedeutung hatte der Kachina-Kult in der Religion

Zuni
- Sesshafte Ackerbauern
- Besondere Bedeutung hatte der „Regenpriester", da eine erfolgreiche Ernte vom Regen abhing
- Ihr Name stammt von ihrem Hauptort Zuni ab

eine Verbindung zur Geisterwelt hergestellt werden. Die Kinder spielten mit Puppen, die wie Kachina-Tänzer aussahen, und wurden so mit ihrer Religion vertraut.

Die Nachbarn der Pueblo-Indianer

Die benachbarten Navajo waren ursprünglich Jäger. Im Laufe der Zeit wurden sie aber zu sesshaften Ackerbauern und lernten von den Pueblo-Indianern, wie man webte und Töpferwaren herstellte. Auch einige Apachenstämme siedelten sich in der näheren Umgebung an. Weil sie immer wieder die Pueblo-Indianer überfielen, waren sie sehr gefürchtet.

Apachen

- Nachbarn der Pueblo-Indianer, lebten aber auch in der Prärie
- Bekannteste Gruppen: Mescalero, Chiricahua, Kiowa-Apachen
- Der Name kommt von „Apachu" – das Zuni-Wort für „Feind"

Gar nicht so einfach, in die oberen Häuser hineinzukommen!

Welche Behausungen gab es bei anderen Indianern?
➡ Seite 26/27
Waren die Pueblo-Indianer Künstler?
➡ Seite 44/45

Navajo

- Nachbarn der Pueblo-Indianer
- Ackerbauern und Schafzüchter
- Der Name bedeutet „Volk mit großen Feldern"

Auf den Dächern der Pueblos spielte sich das tägliche Leben ab.

Die Navajo beherrschen ebenso wie die Hopi die Töpferkunst noch heute meisterhaft.

Lies mal weiter!
Seite 18, 40, 48
www.expedition.wissen.de
Feldbewässerung

Wald-Indianer

Irokesen
- Ackerbauern im Nordosten
- Berüchtigte Krieger, die ihre Feinde skalpierten
- Sie gaben sich selbst den Namen „Haudenosaunee" = „Volk des langen Hauses"

Im östlichen Teil Nordamerikas wuchsen vor der Ankunft der Europäer riesige Wälder. Hier waren die Wald-Indianer beheimatet. Sie lebten sowohl vom Ackerbau als auch von der Jagd und vom Fischfang.

Der Irokesenbund

In den nordöstlichen Waldgebieten lebten in umzäunten Dörfern die Irokesen. Ihren Namen erhielten sie von ihren Feinden, die sie als „iroqu" („echte Nattern") bezeichneten. Die Irokesen waren gefürchtete Krieger, die ihre Feinde skalpierten. Sie führten nicht nur mit benachbarten Völkern Krieg, sondern bekämpften sich häufig auch untereinander. Um das Blutvergießen zu beenden, schlossen sich die Stämme der Irokesen Ende des 16. Jahrhunderts zum sogenannten Irokesenbund zusammen.

Palisaden boten den Dörfern der Irokesen Schutz.

Popcorn nach Huronenart

1 EL Öl und 2 EL trockene Maiskörner in eine Pfanne geben, Deckel schließen und auf dem Herd erhitzen.

Dabei die Pfanne leicht rütteln. Wenn die Maiskörner aufhören zu knallen, ist das Popcorn fertig.

Mit Ahornsirup übergießen.

Huronen
- Mais- und Tabakpflanzer am St.-Lorenz-Strom
- Anfang des 17. Jahrhunderts lebten etwa 30 000 Huronen
- 1649 von den Irokesen fast vollständig vernichtet

Krieg mit den Huronen

Weiter im Landesinneren lebten die Huronen. Sie waren wie die Irokesen Ackerbauern, die vor allem Mais, Bohnen und Tabak anbauten. Als die Europäer im 16. Jahrhundert nach Nordamerika einwanderten und die Stämme der Irokesen immer weiter nach Westen verdrängten, kam es zu vielen Kämpfen mit den Huronen. 1649 vernichteten die Irokesen in einer Entscheidungsschlacht den Stamm der Huronen fast vollständig.

Die „Fünf zivilisierten Stämme“

Im südöstlichen Waldland lebten Indianervölker, die von den Weißen als die „Fünf zivilisierten Stämme“ bezeichnet wurden, weil sie sich schon früh an die Lebensweise der Weißen angepasst hatten. Zu ihnen gehörten die Cherokee und Creek, die als Ackerbauern in festen Siedlungen wohnten. Die Cherokee hatten sogar eine Art Parlament und ein eigenes Alphabet, mit dem viele lesen und schreiben lernten.

Cherokee

- Ackerbauern im Südosten
- Wohnten in festen Städten und galten als besonders zivilisiert
- Sprachen eine irokesische Sprache und nannten sich selbst „Ani' Yun'wiya“ = „Wichtiges Volk“

Irokesen und Huronen lieferten sich erbitterte Kämpfe – Verlierer waren die Huronen.

Creek

- Ackerbauern im Südosten
- Lebten in befestigten Dörfern aus Strohhütten
- Sie bewohnten eine wasserreiche Gegend. „Creek“ bedeutet übersetzt „kleiner Fluss“.

Lies mal weiter!
Seite 26, 30, 48

Küsten-Indianer

Knack den Code!

2. Wie heißt das Fest der Küsten-Indianer, bei dem viele Geschenke verteilt wurden?
(4. Buchstabe)

Die Heimat der Küsten-Indianer war die Nordwestküste. Das Land war gebirgig und waldreich und vor der zerklüfteten Küste lagen viele Inseln. Weil es hier Nahrung in Hülle und Fülle gab, lebten viele Menschen in dieser Gegend.

Auf Walfang und Bärenjagd

Zu den Küsten-Indianern gehörten die Kwakiutl und Tlingit. Sie wohnten in festen Siedlungen in großen Holzhäusern. Mit ihren langen Kanus fuhren sie aufs Meer und fingen Fische, Krebse und Muscheln. Sie jagten auch Wale und Robben. An Land erlegten sie Hirsche und sogar Bären und sammelten Waldfrüchte. Weil es ihnen gut ging und sie immer genügend zu essen hatten, veranstalteten sie mehrmals im Jahr ein großes Fest. Beim sogenannten Potlatch verteilte der Gastgeber an alle Geschenke.

Totemtiere

Manche Tiere, wie zum Beispiel Bär, Wolf, Adler und Wal, wurden von den Küsten-Indianern als Schutzgeister angesehen. Diese Tiere wurden Totems genannt. Die Indianer glaubten, die Totems wür-

Mit bis zu 20 Meter langen Booten jagten die Küsten-Indianer Wale.

den übernatürliche Kräfte besitzen. Deshalb wollten sie diese Kräfte für sich nutzen.

Totempfähle

Vor ihren Häusern errichteten die Küsten-Indianer hohe Pfähle aus Zedernholz, die mit geschnitzten Tiersymbolen geschmückt waren. Ihre Spitze zierte oft ein geschnitzter Kopf, die Wächterfigur. Diese Totempfähle waren das jeweilige Familienwappen. Keine andere Familie durfte an ihrem Totem dieselbe Reihenfolge der Tiersymbole zeigen.

Totempfähle der Küsten-Indianer kann man noch heute bestaunen.

Tlingit

- Lebten im südlichen Alaska
- Robben- und Walfänger
- Geschickte Holzschnitzer und Korbmacher

Kwakiutl

- Hatten ihre Heimat in British Columbia, Kanada
- Bekannt für ihre beeindruckenden Totempfähle
- Hervorragende Maskenschnitzer

Manche Tiere, wie der Bär, wurden bei den Küsten-Indianern als Totemtiere verehrt.

Lies mal weiter!
Seite 28, 46, 54

Prärie-Indianer

Blackfoot („Schwarzfuß“)

- Von ihrer Kleidung und ihren Bräuchen her „typische“ Prärie-Indianer
- Lebten fast ausschließlich von dem, was sie von erlegten Bisons verwerten konnten
- Ihr Name kommt vermutlich daher, dass sie die Sohlen ihrer Mokassins schwarz färbten

Die Prärie und Plains in Nordamerika sind eine Grassteppe, die sich vom Mississippi bis zu den Rocky Mountains erstreckt. Bevor die Europäer kamen und sie gnadenlos jagten, weideten hier Millionen von Bisons. Die Bisons waren die Hauptnahrungsquelle der Prärie-Indianer.

Den Herden folgen

Der Bison, auch Indianerbüffel genannt, ist das größte Landtier Amerikas. Er kann bis zu 3 Meter lang werden und wiegt mehr als 10 erwachsene Männer. Die Bisons zogen in großen Herden durch die Prärie. Wenn die Vorräte der Prärie-Indianer zur Neige gingen, mussten sie nur den Bisons folgen und brauchten nicht zu hungern.

Um beweglich zu sein, hatten sie keine festen Behausungen, sondern lebten in Tipis. Das sind Stangenzelte, die man leicht auf- und abbauen kann. Wenn im Winter heftige Schneestürme durch die offene Prärie fegten, zogen sich die Prärie-Indianer in geschütztere Gebiete zurück.

Dakota

- Gehörten der Sioux-Sprachfamilie an
- Lebten bevor sie in die Prärie kamen in den Waldgebieten der Großen Seen
- Übernahmen auf ihrer Wanderung in die Prärie die Tipi-Kultur

Die Prärie-Indianer bauten an einem neuen Lagerplatz zuerst die Tipis auf.

Stämme der Prärie-Indianer

Zu den Prärie-Indianern gehörten bekannte Völker wie die Comanchen, Blackfoot, Cheyenne und Sioux sowie die Kiowa-Apachen. Die Sioux bildeten allerdings keinen gemeinsamen Stamm, sondern mehrere große Stämme mit Untergruppen, die alle eine ähnliche Sprache hatten.

Du entscheidest selbst!

Was ist der Unterschied zwischen Tipi und Wigwam?
➡ Seite 26/27
Wozu diente ein Travois?
➡ Seite 46/47

Die Prärie-Indianer legten ihr Lager oft C-förmig an: Nach Osten, wo die Sonne aufgeht, war es offen.

Comanchen
- Lebten ursprünglich in den Rocky Mountains, später in der südlichen Prärie
- Galten als besonders geschickte Reiter und Krieger
- Hinderten die spanischen Siedler daran, sich nach Norden auszubreiten

Cheyenne
- Lebten ursprünglich vom Ackerbau, dann von der Bisonjagd
- Waren teils mit den Dakota, teils mit den Comanchen verbündet
- Wurden später von Sioux-Stämmen aus der Prärie verdrängt

Der Bison war die wichtigste Nahrungsquelle der Prärie-Indianer.

Lies mal weiter!
Seite 28, 44, 62

Im Dorf der Indianer

Die Indianer hatten ganz unterschiedliche Siedlungsformen. Manche wohnten in Dörfern mit festen Häusern, andere zogen mit ihren Zelten von Ort zu Ort. Aber alle legten großen Wert auf Gemeinschaft. Wichtige Entscheidungen traf der Häuptling immer mit seinen Beratern. Die Indianer halfen sich gegenseitig und unterstützten sich in Notlagen. Und nach getaner Arbeit hatten alle viel Spaß beim gemeinsamen Spiel.

Häuptling und Stammesrat

Knack den Code!

3. Wie wird die Friedenspfeife der Indianer noch genannt? (3. Buchstabe)

Vor allem bei den Prärie-Indianern hatte jeder Stamm mindestens einen Häuptling. Er erteilte keine Befehle. Seine Aufgabe war es, den Frieden zu erhalten, die Armen zu unterstützen und dem Stamm zu Wohlstand zu verhelfen.

Tapfer und weise

Häuptlinge waren Männer, die durch Mut, Tatkraft und Klugheit zu Ansehen gekommen waren. Gewöhnlich waren sie ältere, weise Männer, die sich in ihrem bisherigen Leben als Krieger besonders bewährt hatten.

Einige Indianerhäuptlinge wie Crazy Horse, Black Kettle oder Quanah Parker sind für ihre außergewöhnlichen Leistungen bis heute berühmt.

Wenn ein Häuptling in den Kampf zog, trug er Kriegsschmuck.

Die Berater

Um wichtige Entscheidungen zu treffen, stimmte sich der Häuptling mit dem Stammesrat ab, der sich aus den Ältesten oder Familienober-

Entscheidungen des Stammesrats teilte der Häuptling den Mitgliedern des Stammes mit.

häuptern des Stammes zusammensetzte. Ihre Entscheidungen trafen sie immer einstimmig. Wenn die Ratsmitglieder unterschiedlicher Meinung waren, wurde so lange beraten, bis sich alle einig waren. Das konnte Tage, manchmal sogar Wochen dauern.

Crazy Horse
- Häuptling der Oglalla-Sioux
- Geboren um 1840, getötet von einem US-Soldaten 1877
- Hatte sich schon mit 16 Jahren als besonders mutiger Krieger bewährt
- Lieferte den US-Truppen viele Schlachten, bis er sich ergeben musste

Die Friedenspfeife wurde nicht nur im Stammesrat geraucht, sondern auch, wenn ein Gast zu Besuch kam.

Die Friedenspfeife

Wenn sich der Stammesrat zur Beratung zusammensetzte, wurde zuerst eine verzierte Tabakpfeife herumgereicht. Das Rauchen dieser Friedenspfeife, auch Kalumet genannt, sollte den Ratsmitgliedern Einsicht und Weisheit vermitteln.

Krieg und Frieden

Manche Stämme hatten zwei Häuptlinge: Der Friedenshäuptling war für alltägliche Angelegenheiten zuständig. Der Kriegshäuptling führte die Krieger bei einem Kriegszug an und sagte ihnen, wie sie gegen ihre Feinde kämpfen sollten.

Black Kettle
- Häuptling der Cheyenne
- Geboren um 1803, getötet von US-Soldaten 1868
- War sehr um Freundschaft mit den Weißen bemüht, die seinen Stamm dennoch gnadenlos bekämpften

Quanah Parker
- Häuptling der Kwahadi, einer Untergruppe der Comanchen
- Geboren vor 1850 als Sohn einer entführten Weißen, gestorben 1911
- War mehrmals erfolgreich im Kampf gegen die Weißen
- Hatte 8 Frauen und 25 Kinder

Ein Häuptling war an seinem prächtigen Kopfschmuck zu erkennen, der meist aus Adlerfedern bestand.

Lies mal weiter!
Seite 48, 64, 66

Frauen und Männer

Bei den Crow gab es sogar einen weiblichen Kriegshäuptling.

Bei den Indianern waren die Arbeiten von Frauen und Männern normalerweise klar getrennt. Jeder hatte eigene Aufgaben zu erfüllen.

Jäger und Krieger

Aufgabe der Männer war es vor allem zu jagen und Kriege zu führen. Bei manchen Stämmen wie den Blackfoot, Crow und Sioux konnten zwar auch Frauen mit auf die Jagd gehen oder in den Kampf ziehen, das war aber die Ausnahme. Die Männer waren darauf bedacht, keine Frauenarbeiten zu verrichten, um von den anderen nicht verspottet zu werden. Sie fanden ihre Aufgaben wichtiger als die der Frauen.

Starke Frauen

Bei den Hopi und anderen Stämmen, die vom Ackerbau lebten, verrichteten die Frauen die Feldarbeit. Die Männer halfen nur dabei, Bäume für neues Ackerland zu fällen.
Bei den Prärie-Indianern bauten die Frauen die Tipis auf und wieder ab. Außerdem gehörte es überall zu ihren Aufgaben, zu kochen und Kleidung herzustellen. Nur bei den Pueblo-Indianern gab es eine Ausnahme: Hier saßen die Männer am Webstuhl. Umgekehrt war bei einigen Stämmen der Kriegshäuptling eine Frau. Und bei den Irokesen war es Sache der Frauen, einen neuen Häuptling einzusetzen.

Bei den Hopi war Feldarbeit allein Aufgabe der Frauen.

Sag niemals „Squaw"

Wenn von Indianerfrauen die Rede ist, gebrauchen viele Menschen das Wort „Squaw". Dieses Wort schnappten die Europäer einst von den Wald-Indianern auf, verstanden jedoch seine Bedeutung falsch. Es ist in Wirklichkeit ein Schimpfwort und damit eine Beleidigung, die keine Indianerin verdient.

Aufgabenteilung

Dr. Americanus, stimmt es, dass die Frauen der Indianer viel mehr arbeiten mussten als die Männer?
Ja, das ist richtig. Die Männer mussten zwar jagen, fischen und Kriege führen, und das kostete viel Kraft und Einsatz – aber nicht jeden Tag. Die Frauen dagegen mussten täglich von früh bis spät arbeiten und konnten sich kaum ausruhen.

Haben denn die Indianerinnen ihre Arbeit nicht als beschwerlich empfunden?
Das kommt darauf an. Besonders anstrengende Arbeiten wie das Zeltaufbauen bestimmt. Aber wenn die Frauen gemeinsam Wildpflanzen sammelten oder auf die Felder gingen, hatten sie sicher Spaß dabei.
Vielen Dank für das Gespräch.

Du entscheidest selbst!

Wie bereiteten sich die Indianer auf den Krieg vor?
➡ Seite 48/49
Wer war Pocahontas?
➡ Seite 66/67

Die Jagd auf Bisons und andere Tiere gehörte zu den Hauptaufgaben der Männer.

Bevor die Männer in den Krieg zogen, bemalten sie Gesicht und Körper.

Lies mal weiter!
Seite 42, 56, 58

Wie die Indianer wohnten

In ihren verschiedenen Lebensräumen hatten die Indianer sehr unterschiedliche Behausungen. Die bekanntesten Wohnformen waren das Tipi und der Wigwam. Diese beiden werden oft verwechselt, sind aber nicht dasselbe.

Ein Wigwam war kein Stangenzelt, sondern eine Rundhütte.

Tipi

Die Prärie-Indianer, die von Ort zu Ort zogen, lebten in Tipis. Diese Stangenzelte waren für sie am praktischsten, weil man sie innerhalb einer Stunde aufbauen konnte. Das Gerüst eines Tipis bestand aus dünnen Baumstämmen und wurde mit Bisonhäuten bedeckt. In der Mitte des Zelts befand sich eine Feuerstelle und an der Spitze war eine Öffnung für den Rauchabzug.

Wigwam

Viele Wald-Indianer wohnten in Wigwams. Das waren Rundhütten, die mit Birkenrinde oder Schilfmatten, manchmal auch mit Lederplanen abgedeckt waren. Im Winter schichtete man über die Abdeckung weitere Matten und Tannenzweige zum Schutz vor der Kälte.

Bei manchen Stämmen hatte das Tipi einen Durchmesser von 4 Metern, bei anderen von 10 Metern.

Langhaus

Das Langhaus, die typische Behausung der Irokesen, war tatsächlich von beachtlicher Länge: bis zu 30 Meter! Mehrere Familien fanden darin Platz. Ihre Wohnräume waren durch Wandschirme voneinander getrennt. Durch die Mitte des Hauses verlief ein Gang mit mehreren Feuerstellen.

Hogan

Die typische Behausung der Navajo war der Hogan, eine achteckige Erdhütte. Er bestand aus einem Holzgestell, das mit Lehm und Grasstücken bedeckt wurde. Mit seinem runden Kuppeldach sah so ein Hogan beinahe wie ein riesiger Bienenkorb aus.

Lust auf Abenteuer?

Wenn du dich für Indianer interessierst und zwischen 8 und 12 Jahre alt bist, dann bist du in unserem Feriencamp „Leben wie die Indianer" genau richtig! Du darfst dir aussuchen, wo du übernachten willst: in einem Tipi, Wigwam oder Hogan. Und du lernst eine Menge Neues über die Lebensweise der Indianer.

Nur noch wenige Plätze frei – schnell anmelden!

Wie schützten die Irokesen ihre Häuser?
➡ Seite 14/15
Wie transportierten die Prärie-Indianer ihren Besitz?
➡ Seite 46/47

Um ein Tipi aufzubauen, brauchte man schon etwas Übung!

In einem Langhaus der Irokesen hatten bis zu 100 Menschen Platz.

Lies mal weiter!
Seite 12, 18, 70
www.expedition.wissen.de
Wigwam

Nahrungssuche

Ob man den wohl essen kann?

Die Indianer verwerteten jeden Teil des Bisons.

Puppe

Löffel

Knochenschaber

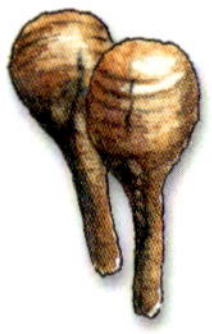
Rasseln

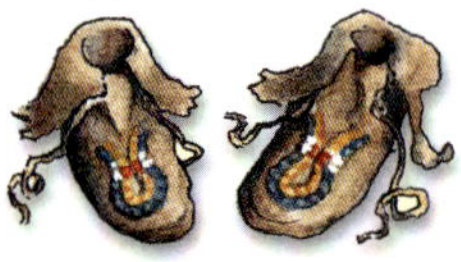
Mokassins

Um den Stamm mit ausreichend Nahrung zu versorgen, mussten die Männer regelmäßig zum Jagen oder Fischen gehen. Die Frauen sammelten, was sie in der Natur an Essbarem finden konnten.

Mutige Jäger

Für die Prärie-Indianer bildete die Jagd die wichtigste Lebensgrundlage. Eine begehrte Beute war der Bison, von dem sie alles verwerteten, nicht nur das Fleisch. Bei der Jagd mussten die Männer sehr geschickt vorgehen, weil die riesigen Tiere manchmal auch zum Angriff übergingen. Oft bildeten mehrere Stämme Jagdgemeinschaften, um eine kleine Herde einzukreisen und dann mit Pfeilen oder Speeren zu erlegen. Manchmal trieben sie die Tiere auch über einen Abgrund, wo sie sich zu Tode stürzten.

Fischfangmethoden

Die Stämme im Norden lebten hauptsächlich vom Fischfang. Sie fuhren aufs Meer hinaus und jagten Wale. In den Flüssen und Seen fingen sie Lachse und andere Fische. Sie verwendeten Zäune, Fallen und Netze, um die Fische zusammenzutreiben und spießten sie dann mit Speeren oder Pfeilen auf.

Ein Bisonjäger brauchte Mut: Wenn sich ein Tier bedroht fühlte, wurde es gefährlich.

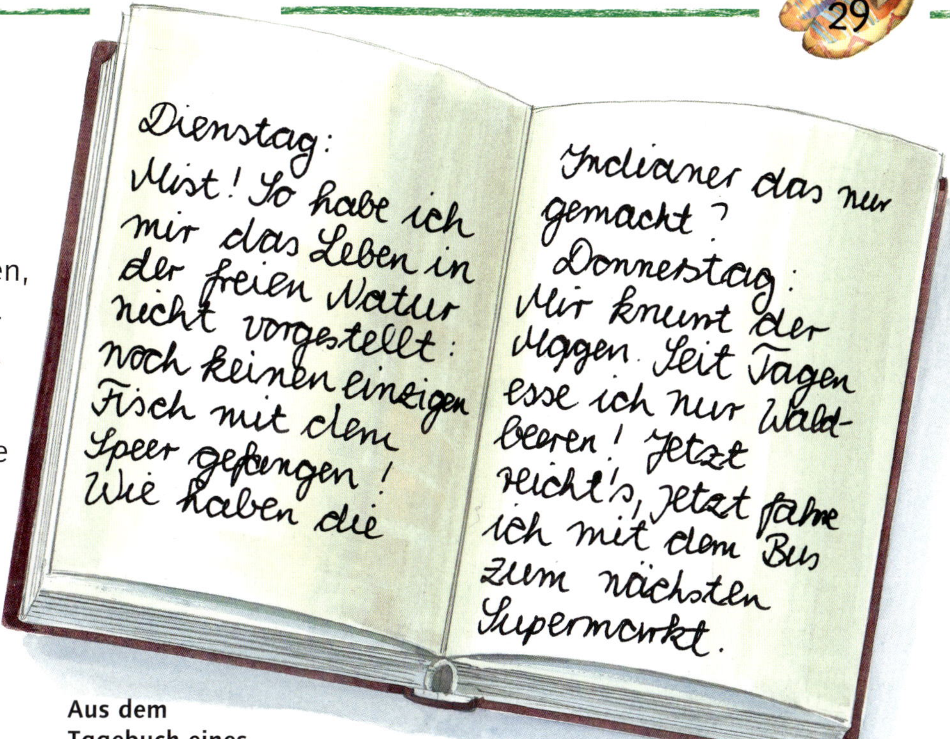

Dienstag:
Mist! So habe ich mir das Leben in der freien Natur nicht vorgestellt: noch keinen einzigen Fisch mit dem Speer gefangen! Wie haben die
Indianer das nur gemacht?
Donnerstag:
Mir knurrt der Magen. Seit Tagen esse ich nur Waldbeeren! Jetzt reicht's, jetzt fahre ich mit dem Bus zum nächsten Supermarkt.

Aus dem Tagebuch eines Abenteuer-Campers

Sammeln und pflanzen

Das Sammeln von Wildpflanzen war die Aufgabe der Frauen. Sie sammelten Wurzeln, Blätter, Samen, Pilze, Kastanien, Nüsse und Vogeleier. Manche Pflanzen und Früchte verwendeten sie auch als Heilmittel; viele davon werden noch heute in der Medizin verwendet.
Die Stämme, die sesshaft waren, betrieben Ackerbau. Sie bauten vor allem Mais, Bohnen und Kürbisse an, aber auch Tomaten, Kartoffeln und Melonen. In regenarmen Gebieten legten sie oft Bewässerungskanäle an.

Wer behandelte bei den Indianern die Kranken?
➡ Seite 56/57
Warum haben die Weißen so viele Bisons getötet?
➡ Seite 62/63

Vogeleier waren eine begehrte Delikatesse.

Heilkräuter der Indianer

- Sud aus Zaubernuss: zur Heilung von Wunden und Entzündungen
- Tee aus Gelbwurzel: gegen Verdauungsbeschwerden
- Tee aus Sonnenhut: gegen Fieber und Erkältungen
- Tee aus getrockneten Heidelbeeren: gegen Gallen- und Magenbeschwerden
- Tee aus Salbeiblättern: gegen Halsschmerzen

Flussaufwärts schwimmende Lachse wurden mit Lachsfallen gefangen.

Lies mal weiter!
Seite 16, 46, 52

Kochen und essen

Zum Zubereiten der täglichen Mahlzeiten benutzten die Indianerfrauen verschiedene Geräte. Dazu gehörte zum Beispiel ein Mörser, in dem getrocknetes Fleisch zerstoßen wurde. Zum Maismahlen diente eine Steinplatte mit einem Mahlstein.
Als Kochtopf verwendeten sie einen Bisonmagen oder wasserdichten Korb, in den sie zum Garen heiße Steine legten. Über offenem Feuer wurde in Töpfen aus Ton oder Stein gekocht. Grillfleisch hängte man oft an Lederriemen über der Feuerstelle auf.

Die Maiskörner wurden mit einem Mahlstein auf einer Steinplatte zu Mehl zerrieben.

Trockenfleisch zerstampften die Indianerinnen, bevor sie es in Vorratsbeutel füllten.

Fleisch auf Vorrat

Die Völker, die von der Jagd lebten, mussten Vorräte für den Winter anlegen, da sich die Bisonherden nur im Sommer in der Nähe aufhielten. Die Frauen bereiteten deshalb große Mengen Pemmikan zu: Sie schnitten Bisonfleisch in Streifen und hängten es zum Trocknen auf. Danach zerstampften sie das getrocknete Fleisch und vermischten es mit Wurzeln, Beeren, Nüssen und Fett. Zum Schluss füllten sie alles in Lederbeutel, wo es sehr lange haltbar war.

Süßes Maisbrot

1 Tasse Maismehl mit 1/3 Tasse Wasser, 3 EL Öl und 3 EL Honig mischen.

Den Teig löffelweise in eine Pfanne mit heißem Öl geben, etwas flach drücken und auf beiden Seiten braun braten.

Guten Appetit!

Die Indianerinnen konnten aus den Nahrungsmitteln, die sie zur Verfügung hatten, leckere Gerichte zubereiten. Aus Fisch, Pilzen oder Pinienkernen kochten sie Suppen, aus Maismehl backten sie Brot. Als Süßspeisen waren Schleckereien mit Früchten, Honig oder Ahornsirup sehr begehrt. Bei den Apachen und anderen Stämmen gab es zu den Mahlzeiten feste Regeln, die auch die Kinder befolgen mussten.

Wovon lebten die Wald-Indianer?
➡ Seite 14/15
Wie fängt man Lachse?
➡ Seite 28/29

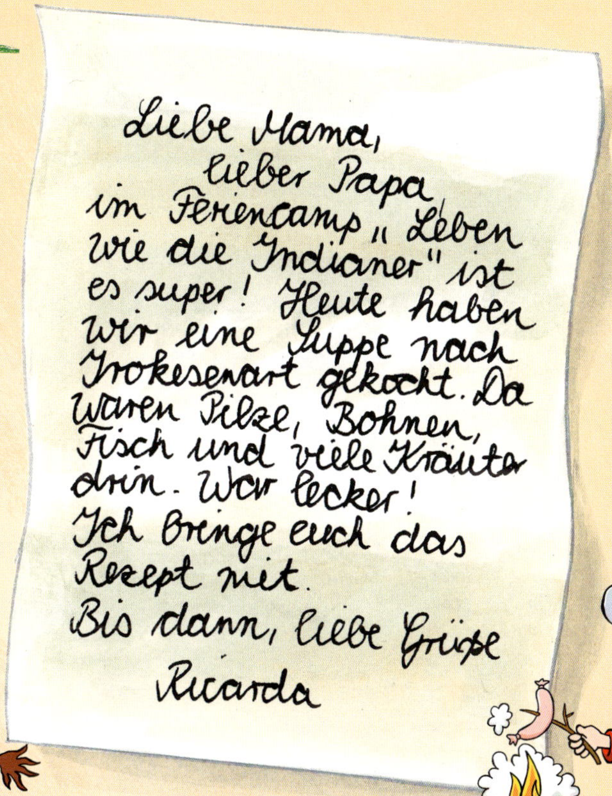

Liebe Mama,
lieber Papa
im Feriencamp „Leben wie die Indianer" ist es super! Heute haben wir eine Suppe nach Irokesenart gekocht. Da waren Pilze, Bohnen, Fisch und viele Kräuter drin. War lecker!
Ich bringe euch das Rezept mit.
Bis dann, liebe Grüße
Ricarda

Hm, lecker!

Regeln zu den Mahlzeiten

- Erwachsene essen als Erste
- Kinder müssen warten und still sitzen
- Gäste bringen eigene Löffel und Teller mit
- Löffel und Teller spült jeder selbst

Gegrillt und gekocht wurde über offenem Feuer.

Lies mal weiter!
Seite 14, 54, 68
www.expedition.wissen.de
Suppe

Eine Familie wird gegründet

Vor der Heirat erhielt die Familie der Braut viele Geschenke.

Wenn für einen jungen Prärie-Indianer die Zeit zum Heiraten kam, suchte seine Familie eine Braut für ihn aus. Er durfte bei der Wahl jedoch mitreden.

Der Brautpreis

Zunächst musste der junge Mann der Familie seiner Auserwählten einen Brautpreis zahlen, damit sie der Heirat zustimmten. Er belud sein Pferd mit Geschenken und überbrachte sie dem Vater oder Bruder des Mädchens.

Danach hatten die Familienangehörigen einen Tag Zeit zum Überlegen. Waren sie einverstanden, machten sie der Familie des Bräutigams ein Gegengeschenk.

Ein Nabelschnurbehälter hatte oft die Form einer Schildkröte. Das sollte Glück bringen.

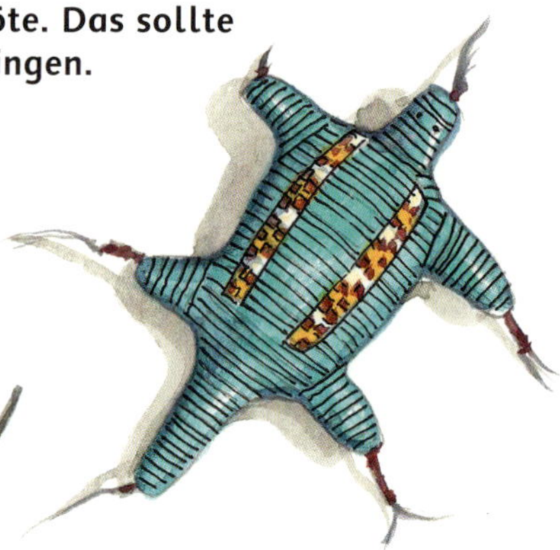

Wenn bei den Prärie-Indianern zwei junge Menschen heirateten, bekamen sie ihr eigenes Tipi.

Eltern werden

Nach der Hochzeit zog das junge Paar in ein eigenes Tipi. Wenn die Frau ein Kind bekam, ging sie zur Entbindung in ein Geburtstipi, wo ihr eine erfahrene Frau half. Die Nabelschnur des Babys wurde in einem perlenbestickten Täschchen aufbewahrt; das sollte dem Kind Glück bringen. Nach einigen Tagen bekam das Baby dann einen Namen, den ein angesehenes Stammesmitglied aussuchte. Dieser Name stand oft mit der Natur in Verbindung und sollte dem Kind gute Eigenschaften verleihen.

Ein Kind wurde gewöhnlich bis zu seinem dritten Lebensjahr mit Muttermilch ernährt.

Knack den Code!

4. Was musste ein Bräutigam der Familie seiner Braut zahlen?
(1. Buchstabe)

Namen für Mädchen

- Prärieblume
- Schmetterling
- Sprudelnde Quelle
- Sonnenaufgang

Namen für Jungen

- Große Wolke
- Adler
- Rotes Pferd
- Fliegender Falke

Hallo, mein Name ist Flinker Hase!

Unterwegs transportierte die Mutter ihr Kind in einer Trage.

Mutter und Baby

In den ersten Lebensjahren trug die Mutter ihr Kind ständig mit sich. Das Baby lag in einer Trage, die sie sich auf den Rücken band. Es steckte dabei in einem weichen Ledersack, der auf einem Brett festgeschnallt war. Ein Bügel vor dem Kopf schützte das Kind bei einem Sturz vor Verletzungen. Nachts diente die Trage auch als Kinderbett.

Lies mal weiter!
Seite 24, 44, 52

Erziehung der Kinder

So will ich nicht heißen!

Spottnamen für ungezogene Kinder
- Flachkopf
- Hirnlos
- Langnase
- Gierschlund

Indianerkinder hatten es meistens gut. Sie wurden in ihrer Familie zärtlich und liebevoll behandelt. Nur selten schimpften die Eltern mit ihrem Kind. Sie redeten ihm lieber gut zu, um ihm richtiges Verhalten beizubringen.

Wer nicht brav ist …

Doch die Indianer konnten auch streng sein. Wenn ein Kind besonders ungezogen war, holten die Eltern manchmal einen Mann mit Maske zu Hilfe, um es einzuschüchtern. Bei einigen Stämmen der Prärie bekamen Kinder Spottnamen, wenn sie sich nicht gut benahmen.

Das tut weh!

Schon Krabbelkinder machten ab und zu unsanfte Erfahrungen. Die Eltern hinderten ihr Kind zum Beispiel nicht daran, die Hand ins Feuer zu stecken: Es sollte aus dieser Erfahrung klüger werden. Wenn ein Baby schrie und sich nicht beruhigte, legte die Mutter es auf seiner Trage einfach im Gebüsch ab. So lernte es, dass Schreien nichts nützte, und hörte damit auf. Denn schreiende Kinder konnten zur Gefahr für die Gruppe werden, wenn Feinde in der Nähe waren.

Für die Erziehung eines Jungen war hauptsächlich sein Vater zuständig.

Lernen durch Nachahmen

Von klein auf bereiteten sich die Kinder auf das Erwachsenwerden vor. Die Mädchen halfen der Mutter, Pflanzen und Brennholz zu sammeln und Kleidung und Schmuck herzustellen. Die Jungen lernten früh reiten und übten sich eifrig im Umgang mit Pfeil und Bogen. Sie begleiteten den Vater zum Fischfang oder zur Jagd und lernten, wie man Spuren liest. Daneben blieb den Kindern aber auch genügend Zeit zum Spielen. Ein Lieblingsspielzeug der Mädchen waren Puppen.

Kaum zu glauben

Die Indianer setzten schon Kleinkinder aufs Pferd, damit sie reiten lernten. Das erste eigene Pferd bekam ein Junge oft schon mit fünf Jahren.

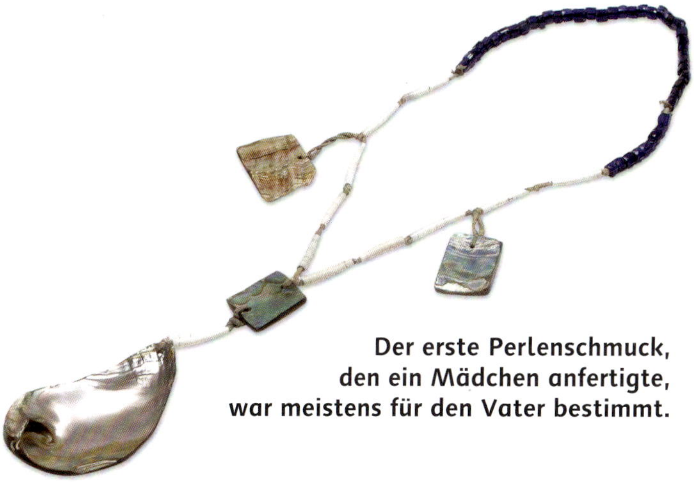

Der erste Perlenschmuck, den ein Mädchen anfertigte, war meistens für den Vater bestimmt.

Du entscheidest selbst!

Wie erhielt ein Indianer-Kind seinen Namen?
➡ Seite 32/33
Welches war ein Lieblings-spiel der Kinder?
➡ Seite 36/37

Kleine Indianer-mädchen spielten gern mit Puppen.

Beim Holzsammeln mussten die Mädchen ihren Müttern helfen.

Lies mal weiter!
Seite 28, 42, 58

Begeisterte Spieler

Spielen macht Spaß – das fanden nicht nur die Indianerkinder. Auch die Erwachsenen waren von Spielen fasziniert und konnten gar nicht genug davon bekommen.

Kaum zu glauben

Beim Lacrosse ging es rau zu: Oft endete das Spiel mit einer Prügelei.

Wildes Durcheinander

Die Männer spielten vor allem Lacrosse, ein sehr turbulentes Mannschaftsspiel. Oft nahmen mehrere Hundert an einem Spiel teil. Dabei ging es darum, einen Ball mithilfe eines Schlägers mit einem Fangnetz ins gegnerische Tor zu befördern. Der Ball durfte nicht mit den Händen berührt werden, aber sonst war fast alles erlaubt.

Frauen unter sich

Auch für die Frauen gab es ein beliebtes Spiel: Shinny. Es war eine Art Rasenhockey. Mit gebogenen, abgeflachten Stöcken mussten die beiden Teams versuchen, ins Tor des Gegners zu treffen. Das Spiel war sehr anstrengend, denn die Tore konnten mehr als einen Kilometer Abstand voneinander haben, sodass man viel laufen musste.

Beim Lacrosse konnten die Prärie- und Wald-Indianer Kraft und Schnelligkeit beweisen.

Die Frauen spielten Shinny mit einer Art Hockeyschläger.

Beliebte Kinderspiele

- Rollenspiele mit Puppen und Mini-Tipis
- Kreisel- und Murmelspiele
- Wettschwimmen
- Verstecken
- Ball- und Wurfspiele

Mit Glück und Geschick

Glücksspiele, zum Beispiel mit Würfeln, waren ebenfalls sehr beliebt. Als Würfel dienten bemalte Muscheln, Knochen oder Pflaumenkerne. Bei einem dieser Spiele musste man zum Beispiel Pflaumenkerne in die Luft werfen. Je mehr Kerne mit der bemalten Seite nach oben landeten, desto mehr Punkte bekam der Werfer.

Ein Lieblingsspiel der Kinder war das Kreiselspiel. Sie trieben einen glatten, runden Stein auf einer ebenen Fläche so mit der Peitsche voran, dass er sich wie ein Kreisel drehte.

Maiskolben werfen

Mehrere Spieler legen sich im Freien an einer Startlinie nebeneinander auf den Rücken. Jeder wirft einen Maiskolben über seinen Kopf. Wer am weitesten wirft, ist Sieger.

Um einen Stein in Kreiselbewegung zu versetzen, musste ein Kind sehr geschickt sein.

Beim Glücksspiel, zum Beispiel mit „Würfeln“, konnte man viel verlieren.

Lies mal weiter!
Seite 24, 52, 70

Naturtalente

Die Indianer hatten keine Schulen. Dennoch brachten sie es auf vielen Gebieten zu meisterhaftem Können. Sie stellten wunderschöne Kleidung und Schmuck her. Sie konnten hervorragend mit Pferden umgehen und waren mutige und fähige Krieger. Und sie beherrschten eine Sprache ohne Worte.

Sprache und Verständigung

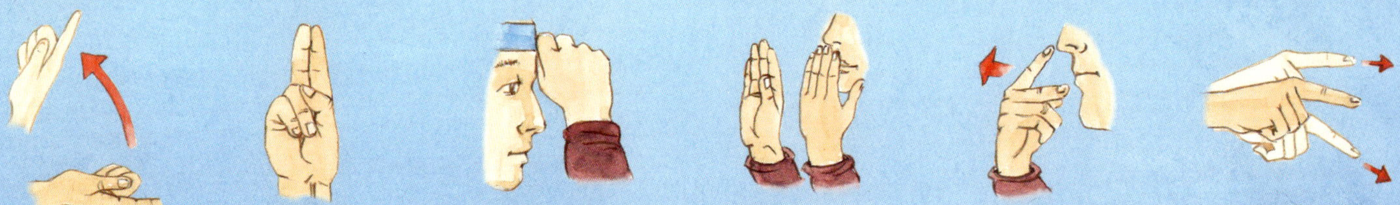

Mit der Zeichensprache konnten die Indianer ohne Worte fast alles ausdrücken.

In Nordamerika gab es mehr als 500 Indianervölker, die fast alle eine eigene Sprache hatten. Diese Sprachen waren zum Teil sehr unterschiedlich. Deshalb war es oft schwierig, sich mit Worten verständlich zu machen.

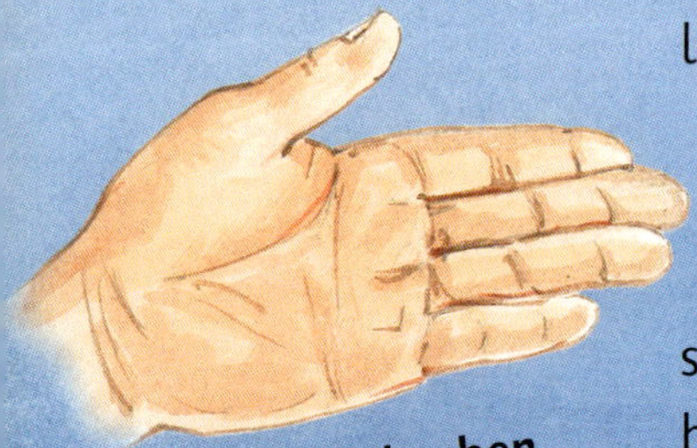

Kaum zu glauben

Die Indianer konnten mit 400 Handzeichen das Gleiche ausdrücken wie mit 1200 gesprochenen Wörtern.

Mit Händen und Fingern

Wenn sich Indianergruppen verschiedener Sprachen begegneten, benutzten sie eine Zeichensprache, um sich zu verständigen. Durch Gesten der Finger, Hände und Arme konnten sie sich stundenlang miteinander unterhalten. Diese Zeichensprache war so klar, dass es kaum Missverständnisse gab.

Wörterbuch für die Weißen

Auch Weiße erlernten die Zeichensprache; manche beherrschten sie fast so gut wie die Indianer. Sie legten sogar eigene Wörterbücher an. Diese waren als eine Art „Sprachführer" besonders für Händler, Siedler und Übersetzer wichtig.

Rauchsignale

Über große Entfernungen hinweg verständigten sich die Prärie-Indianer manchmal durch Rauchzeichen. Dazu machten sie auf einem Hügel ein Feuer. Dann schwenkten sie in bestimmten Abständen eine Decke darüber und an den Rauchwolken konnte man die Botschaft ablesen.

Durch Rauchzeichen ließen sich wichtige Nachrichten über weite Strecken übermitteln.

Fluss | Leben | Tod | Fisch | Mittag | Sonne

Mit solchen einfachen Bilderzeichen wurden manchmal ganze Geschichten „geschrieben".

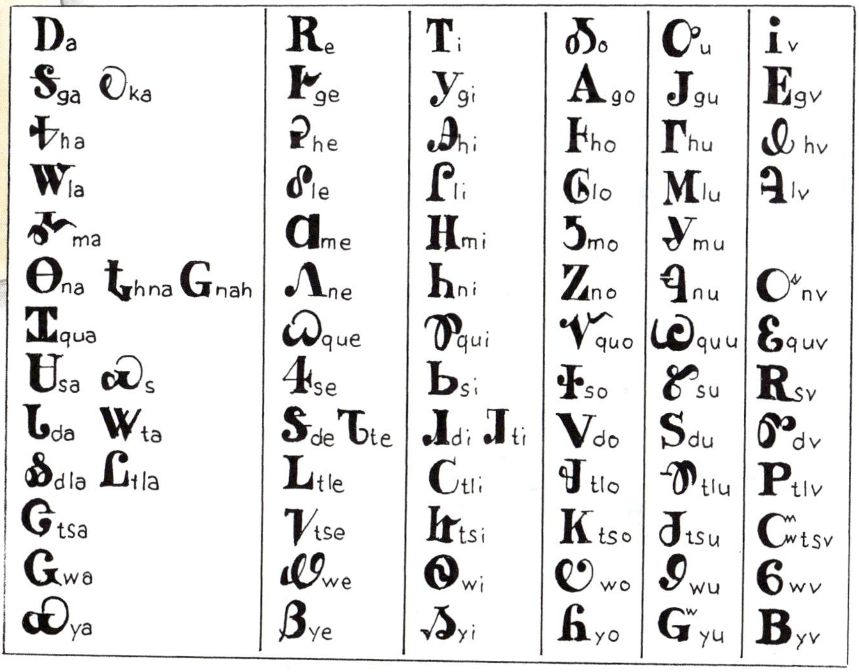

Bilder und Buchstaben

Eine Schrift kannten die Indianer nur in Form von Bilderzeichen, die sie auf Felsen, Holz oder Tierhäute malten. Eine Ausnahme machten die Cherokee: Bei ihnen entwickelte Sequoyah, der Sohn einer Häuptlingstochter und eines Weißen, Anfang des 19. Jahrhunderts ein eigenes Alphabet. Es hatte mehr als dreimal so viele Buchstaben wie unser Alphabet. Sequoyah arbeitete 12 Jahre daran und erreichte damit, dass viele Cherokee lesen und schreiben lernten.

Ganz schön brenzlig, dieses Telefonat auf Indianerart!

Lies mal weiter!
Seite 14, 62, 68
www.expedition.wissen.de
Zahlen

Gut gekleidet

Knack den Code!

5. Wie nennt man die ledernen Schuhe der Indianer?
(5. Buchstabe)

Die Indianer Nordamerikas trugen ganz unterschiedliche Kleidung. Was sie anhatten, hing einerseits von ihrer Umgebung und dem Wetter ab, andererseits vom Material, das ihnen zur Verfügung stand.

So wird Leder gegerbt!

„Igitt!“, reagieren die Besucher der Indianer-Ausstellung, als Dr. Americanus ihnen erklärt, wie die Indianerinnen früher Tierhäute zu Leder verarbeiteten: „Zuerst schabten die Frauen Haare und Fleischreste von der Haut ab. Dann bearbeiteten sie die Haut mit einer Mischung aus Fett, Leber und Hirnmasse von Tieren und weichten sie in Wasser ein. Sie klopften und dehnten die Haut, um sie noch geschmeidiger zu machen, und räucherten sie zum Schluss über Feuer aus Bisonmist.“

Alles aus Leder

Bei den Wald- und Prärie-Indianern wurden alle Kleidungsstücke aus Leder gefertigt. Es stammte von den Häuten von Bisons, Antilopen, Elchen und Rehen. Aufgabe der Frauen war es, die Häute zu Leder zu verarbeiten. Sie gaben sich große Mühe, das Leder weich und geschmeidig zu machen, damit es angenehm zu tragen war.

Nach dem Einweichen musste die Tierhaut kräftig gedehnt werden.

Um Haare und Fleischreste abzuschaben, spannte man die Tierhaut in einen Rahmen.

Mit Stöcken klopften die Frauen so lange auf die Haut, bis sie weich und biegsam war.

Von Kopf bis Fuß

Die Lederkleidung der Männer bestand aus einem Hemd, einem Lendenschurz und langen Leggings, die wie Hosenbeine aussahen. An den Füßen trugen sie lederne Mokassins. Wenn es kalt war, legten sie außerdem einen Umhang aus Bisonfell an. Die Frauen trugen Kleider oder Blusen und Röcke aus Leder und dazu halblange Leggings und Mokassins. Die Kleidungsstücke waren mit gefärbten Stachelschweinborsten verziert. Auch bunte Glasperlen, die von den Weißen stammten, dienten als Verzierung.

Bei den Prärie- und Wald-Indianern kleideten sich Männer und Frauen von Kopf bis Fuß in Leder.

Baumwolle und Pflanzenfasern

Kleidung aus Baumwolle gab es nur bei den Pueblo-Indianern. Die Männer trugen einen Lendenschurz, darüber ein Tuch, das wie ein Rock aussah, und oft auch ein ponchoartiges Hemd. Die Kleider der Frauen bestanden aus Baumwolltüchern, die über einer Schulter verknotet und um die Taille mit einem Gürtel zusammengehalten wurden.

Die Küsten-Indianer trugen Kleider aus gewebten Pflanzenfasern und bei Kälte auch Umhänge aus Tierfellen. Da es in ihrer Gegend oft regnete, trugen sie große Hüte auf dem Kopf, die sie wie Regenschirme vor der Nässe schützen sollten.

Die Fußbekleidung bei fast allen Indianerstämmen waren lederne Mokassins.

Echt bequem diese Mokassins!

Lies mal weiter!
Seite 18, 24, 70

Wahre Künstler

Kaum zu glauben

Die Küsten-Indianer verwendeten Biberzähne als Schnitzmesser. Damit konnten sie sogar weiche Steine bearbeiten.

Das Wort „Kunst" war den Indianern unbekannt. Und doch waren sie großartige Künstler, denn sie konnten aus den verschiedensten Materialien wunderschöne Kunstwerke schaffen.

Schnitzereien

Die Küsten-Indianer waren meisterhafte Schnitzer. Aus dem Elfenbein von Walrossen oder aus Walrippen schnitzten sie Menschen- und Tierfiguren. Besonders beeindruckend waren ihre Holzarbeiten: Sie stellten nicht nur riesige Totempfähle her, sondern auch fantasievolle Masken und dekorative Truhen und Schalen.

Perlen

Die Kleider, Taschen, Kindertragen und andere Gegenstände fast aller Indianerstämme waren mit wunderschönen Mustern aus bunten Perlen verziert. Eine Besonderheit waren die Wampumgürtel der nördlichen Wald-Indianer: Dafür wurden Schnüre aus Schnecken oder Perlen zu Gürteln verflochten. Sie waren Erinnerungen an Bündnisse oder Friedensschlüsse und dienten gleichzeitig als Zahlungsmittel.

Silber

Von den Spaniern erlernten die Pueblo-Indianer und die Navajo die Silberschmiedekunst. Bis heute stellen sie erlesene Schmuckstücke aus Silber her.

Verkaufsaktion
INDIANER-
SCHMUCK
Von Navajo-Künstlern
in Handarbeit angefertigt:
wunderschöne Ringe,
Armreife,
Halsketten und
Gürtelschnallen aus Silber,
zum Teil mit herrlichen
Türkisen besetzt.
Ausgesuchte Einzelstücke!
Besuchen Sie unsere
Sonderausstellung!

Wampumgürtel waren hauptsächlich bei den Irokesen und ihren Nachbarn in Gebrauch.

Der Silberschmuck der Navajo und Hopi ist bis heute sehr beliebt.

Die Indianer formten die Tongefäße mit den Händen. Dann ritzten sie Muster ein und bemalten sie.

Die Körbe der Indianer waren wasserdicht und daher vielseitig verwendbar.

Am Webstuhl saßen nicht nur Frauen, sondern auch Männer.

Flechten, Töpfern und Weben

Die Pueblo- und Küsten-Indianer konnten hervorragend Körbe flechten. Die Pueblo-Indianer und Navajo beherrschten außerdem das Töpfern und Weben: Sie verzierten ihre Tongefäße und Webstoffe mit wunderschönen Mustern.

Du entscheidest selbst!

Wie wohnten die Pueblo-Indianer? ➡ Seite 12/13
Was wurde nach der Geburt eines Babys in einem Perlentäschchen aufbewahrt? ➡ Seite 32/33

Lies mal weiter!
Seite 12, 14, 16
www.expedition.wissen.de
Perlenschmuck

Transportmittel

Die Indianer hatten keine Fahrzeuge mit Rädern. Deshalb waren Pferde für sie sehr wichtig – zum Reiten und um Lasten zu transportieren.

Hervorragende Reiter

Dr. Americanus, wann gab es in Nordamerika die ersten Pferde?
Pferde gab es dort schon in vorgeschichtlicher Zeit, aber sie starben aus. Ab 1540 brachten die Spanier dann bei ihren Expeditionen Tausende von Pferden mit. Viele der Tiere blieben im Land und vermehrten sich.

Und wie haben die Indianer reagiert, als sie die Tiere zum ersten Mal sahen?
Sie haben bestimmt sehr gestaunt, sich anfangs vielleicht auch ein wenig gefürchtet vor den wilden, temperamentvollen Mustangs. Aber bald konnten sie hervorragend mit den Tieren umgehen, viel besser als die Weißen. Vor allem die Comanchen entwickelten raffinierte Zähmungsmethoden und ihre Reitkünste waren atemberaubend.

Vielen Dank für das Gespräch.

Schnelle Pferde

Als die Europäer im 16. Jahrhundert nach Amerika kamen, brachten sie viele Pferde mit. Manche dieser Tiere entkamen in die freie Natur, lebten dort ungestört und vermehrten sich. Die Indianer fingen sie ein, zähmten sie und lernten, sie zu nutzen. Sie wurden sehr geschickte Reiter. Bald besaßen sie auch genügend Pferde, um mit ihnen den Bisonherden nachzujagen. Bis dahin war die Jagd auf Bisons für sie sehr schwierig gewesen.

Mit dem Lasso fingen die Indianer Pferde ein und zähmten sie.

Ein Pferd, das sich nicht als Reittier eignete, wurde vor ein Travois gespannt.

Wendige Boote

Bevor die Indianer Pferde hatten, waren Boote ihr wichtigstes Transportmittel. Diese konnten sehr unterschiedlich aussehen. Bei den Wald-Indianern gab es kleine Kanus aus Birkenrinde, die sehr leicht waren, sodass man sie mühelos von Fluss zu Fluss tragen konnte. Es gab auch kreisrunde Flussboote, die mit Bisonhaut überzogen waren. Und die Küsten-Indianer besaßen große Boote mit hohen Bordwänden, um damit aufs Meer hinauszufahren.

Voll bepackt

Für größere Landtransporte benutzten die Indianer Schleppgerüste, sogenannte Travois. Sie bestanden aus zwei Stangen und einer Ladefläche. Anfangs wurden sie von Hunden gezogen, später von Pferden, die kräftiger waren. Viele Lasten mussten die Indianer auch selbst tragen, vor allem die Frauen. Wenn sie Holz sammelten oder die Feldernte einbrachten, schleppten sie riesige Bündel und Körbe auf dem Rücken.

Ein Tragekorb wurde mit einem Ledergurt auf dem Rücken befestigt.

Du entscheidest selbst!

Was suchten die Küsten-Indianer mit ihren Booten im Meer? ➡ Seite 16/17
Wie trugen die Indianerinnen ihre Babys auf dem Rücken? ➡ Seite 32/33

In den wasserreichen Gebieten des Ostens und Nordens waren Boote ein wichtiges Transportmittel.

Lies mal weiter!
Seite 18, 26, 28

Auf dem Kriegspfad

Knack den Code!

6. Welche Waffe gehört zu einem Bogen?
(2. Buchstabe)

Wenn zwei Indianerstämme miteinander Krieg führten, ging es oft um Besitzansprüche, zum Beispiel auf Jagdgebiete oder Pferde.

Kriegerbünde

Bei den Prärie-Indianern gab es Kriegerbünde, denen junge Männer erst nach hartem Training und verschiedenen Tapferkeitsproben beitreten durften. Wenn es zu einem Kampf kam, bildeten die Mitglieder eines Kriegerbunds eine Truppe, die immer zusammenblieb. Von jedem Mitglied wurde erwartet, dass es sich im Kampf als mutig, geschickt und tapfer erwies.

Pfeil und Bogen waren wichtige Waffen.

Auf in den Kampf

Plante ein Stamm einen Kriegszug, wurde ein Kriegsrat abgehalten. Man wählte einen erfahrenen Krieger als Kriegshäuptling, der im Kampf die Befehle geben sollte. Bevor die Männer aufbrachen, bemalten sie sich das

Bei Kämpfen ging es meist auch um Tapferkeit.

Gesicht und den Körper und führten einen Kriegstanz auf. Ausgerüstet waren sie mit Lanze, Pfeil und Bogen und einem Kriegsbeil, dem Tomahawk – das bedeutet „Werkzeug zum Schneiden". Der Medizinmann gab ihnen „gute Medizin", die ihnen zum Sieg verhelfen sollte.

Grausame Sitten

Bei manchen Wald- und Prärie-Indianern war es grausamer Brauch, besiegte Feinde zu skalpieren, das heißt ihnen mit einem Messer die behaarte Kopfhaut abzuziehen. Meistens machten sie dies aber nur bei toten Feinden. Manche Küsten-Indianer stellten die Köpfe der getöteten Feinde auf hohen Stangen vor dem Dorf zur Schau. Bei einigen Stämmen der Prärie- und Wald-Indianer, wie zum Beispiel bei den Irokesen, gab es auch den Brauch, gefangene Feinde an den Marterpfahl zu binden. Dort mussten sie so lange bleiben, bis sie um Gnade flehten. Oftmals wurden die Gefangenen dann getötet, manchmal aber auch freigelassen und als Feiglinge verspottet.

Wer am Marterpfahl jammerte, wurde zu seiner Schande als „harmlos" eingestuft.

Haha, Mutprobe bestanden!

Kaum zu glauben

Zu den Tapferkeitsproben eines jungen Mannes gehörte, dass er Feuer und eisiges Wasser ertragen musste.

Lies mal weiter!
Seite 22, 56, 64
www.expedition.wissen.de
Kriegsbemalung

Die Welt der Geister

Die Religion der Indianer und das Christentum waren sehr unterschiedlich. Die Indianer verehrten nicht einen einzigen Gott, sondern glaubten, dass alle belebten und unbelebten Dinge auf der Welt eine Seele hätten. Diese allgegenwärtige Seele nannten sie den Großen Geist. Mit ihm und anderen Geistern versuchten sie durch Tänze und feierliche Rituale regelmäßig in Verbindung zu treten. Eine besondere Rolle spielte dabei der Medizinmann.

Musik und Tanz

Knack den Code!

7. Welches Instrument wurde manchmal mit Wasser gefüllt?
(3. Buchstabe)

Im Leben der Indianer spielten Musik und Tanz eine große Rolle. Sie waren Teil fröhlicher Feste, aber vor allem ein sehr wichtiger Teil der Religion.

Singen als Kraftquelle

Die Indianer sangen oft Lieder, weil sie glaubten, dass sie daraus Kraft schöpfen würden. Sie sangen, wenn sie gegen Feinde kämpften oder in Gefangenschaft gerieten. Bei den Prärie-Indianern hatte jedes Stammesmitglied ein eigenes Lied, das sonst niemand singen durfte.

Rituelle Tänze

Tänze hatten eine wichtige Bedeutung. Bei den Prärie-Indianern gab es den Büffeltanz, der mithilfe der Geister die Bisonherden anlocken sollte. Die Männer trugen dabei Bisonmasken. Die Pueblo-Indianer, die Ackerbau betrieben, baten mit ihren Tänzen um Regen und reiche Ernte. Beim Maistanz zum Beispiel tanzten Frauen und Männer in bunten Kostümen. Außergewöhnlich war der Tanz der Hopi mit lebenden Klapperschlangen, die als Schutzgeister für Regen galten.

Den Büffeltanz, der Bisons anlocken sollte, durften nur Männer tanzen.

Die Hopi nahmen beim Schlangentanz die giftigen Schlangen sogar in den Mund.

Im Rhythmus der Trommeln

Begleitet wurden die Tänze immer von Musikinstrumenten. Da die indianische Musik sehr rhythmusbetont ist, spielten Trommeln und Rasseln ein wichtige Rolle. Manche Trommeln wurden mit Wasser gefüllt, weil sich dadurch die Tonhöhe verändern lässt. Die Rasseln bestanden aus getrockneten Kürbisschalen, Leder oder Schildkrötenpanzern, die man mit Kernen oder Steinchen füllte. Die „musikalischen“ Instrumente waren Pfeifen und Flöten aus Holz oder Tierknochen.

Der Tanz funktioniert – es regnet!

Weitere bedeutende Tänze

- Kalumet-Tanz: Friedenstanz der Wald- und Prärie-Indianer
- Gib-weg-Tanz: Geschenk-Ritual der Comanchen nach einem siegreichen Kampf
- Bärentanz: Diente bei den Sioux-Indianern zur Vorbereitung auf die Bärenjagd

Trommel, Flöte und Rassel waren die wichtigsten Musikinstrumente der Indianer.

Lies mal weiter!
Seite 12, 44, 70
www.expedition.wissen.de
Skalptanz

Manitu

Kaum zu glauben

Aus Achtung vor dem Großen Geist baten die Prärie-Indianer den Bison erst um Erlaubnis, bevor sie ihn töteten.

Die Indianer verehrten einen „Großen Geist", den sie nicht als Gott oder Person betrachteten, sondern als überirdische Kraft, die überall in der Natur zu finden ist.

Ein Geist mit vielen Namen

Für den Großen Geist gab es verschiedene Namen: Bei den Lakota-Sioux hieß er „Wakan tanka" – „übernatürliches, geheimnisvolles Wesen". Die Algonkin, die im nördlichen Waldland lebten, bezeichneten das höchste Wesen als „Manitu" – „heilige Kraft".

Respekt vor der Natur

Die Indianer hatten nicht alle die gleiche Vorstellung vom Großen Geist. Doch fast alle glaubten, dass er die Welt erschaffen habe und in allen Dingen anwesend sei: in Sonne, Mond und Sternen, in Wind, Feuer und Wasser, in Seen, Flüssen und Meeren, in Menschen, Tieren und Pflanzen. Deshalb gingen sie mit der Natur sehr achtsam um und beuteten sie nicht aus. Sie holten sich aus ihrer Umwelt nur so viel, wie sie zum Leben brauchten und verschwendeten nichts.

Die Indianer glaubten, dass alle Dinge und Lebewesen eine Seele hätten.

Fasten und beten

Um dem Großen Geist nahezukommen, fasteten und beteten die Indianer. Manchmal suchten sie dafür besondere Orte auf oder betrachteten intensiv bestimmte Naturerscheinungen wie die Sonne.

Schutzgeister

Jeder Prärie-Indianer hatte einen eigenen Schutzgeist; meist ein Tier. Ein Stück von ihm, etwa eine Feder, trug der Betreffende stets bei sich. Seinen persönlichen Schutzgeist fand ein junger Mensch, wenn er sich zum Fasten allein in die Wildnis zurückzog.

Zu den Gebetsritualen der Sioux gehörte es, die untergehende Sonne zu betrachten.

Du entscheidest selbst!

Welche Bedeutung hatte ein Totemtier?
➡ Seite 16/17
Was verwerteten die Indianer vom Bison?
➡ Seite 28/29

So nannte man den Großen Geist

- Bei den Lakota: Wakan tanka
- Bei den Crow: Maxpe
- Bei den Apachen: Astasinane
- Bei den Algonkin: Manitu
- Bei den Irokesen: Orenda

Ein Stück seines Schutzgeistes – etwa Bärenklaue oder Adlerfeder – trug ein Indianer immer bei sich.

Lies mal weiter!
Seite 22, 32, 62

Der Medizinmann

Knack den Code!
8. Wie wird der Medizinmann noch genannt?
(8. Buchstabe)

Medizin bedeutete für die Indianer nicht nur Heilkunst, sondern vor allem Zauber und Magie.

Besondere Fähigkeiten

Bei allen Indianerstämmen gab es einen Medizinmann, der auch Schamane genannt wird. Er hatte viele Funktionen: Er war Heiler, Magier, Leiter von feierlichen Ritualen und Hüter der Religion. Schamane konnte also nur ein Mann mit ganz besonderen Fähigkeiten werden. Es kam aber auch öfter vor, dass eine Frau diese Aufgaben übernahm.

Starke Auftritte

Von einem Schamanen wurde unter anderem erwartet, dass er Regen herbeizauberte, Jagdbeute anlockte, Träume deutete und verlorene Dinge wiederfand. Er sollte durch sein Auftreten auch Eindruck auf seine Mitmenschen machen. Bei feierlichen Ritualen trat er manchmal in Tierverkleidung auf. Er tanzte so lange im Rhythmus von Trommeln und Rasseln, bis er in Trance fiel. In diesem entrückten Zustand sollte er mit den Geistern in Verbindung treten und sie um ihren Schutz bitten.

Wenn der Schamane beim rituellen Tanz in Trance fiel, „redete" er mit den Geistern.

Krankheiten heilen

In seiner Rolle als Heiler musste ein Schamane alle Heilkräuter und Behandlungsmethoden kennen. Er verabreichte heilsame Tees und stellte Salben her, versorgte Wunden, behandelte Knochenbrüche, stillte Schmerzen und behandelte alle Arten von Krankheiten.

Möglicher Inhalt eines Medizinbeutels

- Getrocknete Schlange, Eidechse oder Fisch
- Raubtierklaue
- Ausgestopfter Vogel
- Tabak oder Kräuter
- Steine oder Muscheln

Medizin mit Zauberkraft

Neben seinen Arzneien besaß ein Medizinmann auch magische Mittel, um Kranke zu heilen. Das konnten tote Tiere oder Körperteile von ihnen sein. Solche Dinge trug bei den Prärie-Indianern nicht nur der Schamane, sondern auch jeder Einzelne in einem Medizinbeutel immer bei sich.

Tote Tiere oder Teile von ihnen gehörten als Zaubermittel zur Medizin des Schamanen.

Medizinbeutel – selbst gemacht

1. Schneide ein 40 x 40 cm großes Lederstück kreisrund zu.

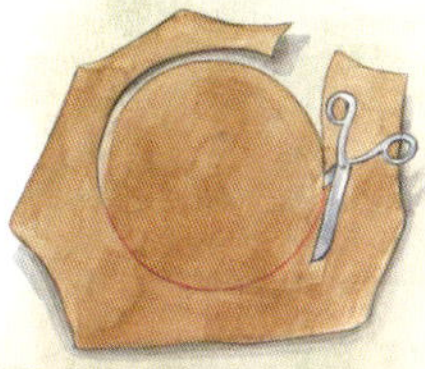

2. Stanze am Rand in gleichmäßigen Abständen Löcher ein.

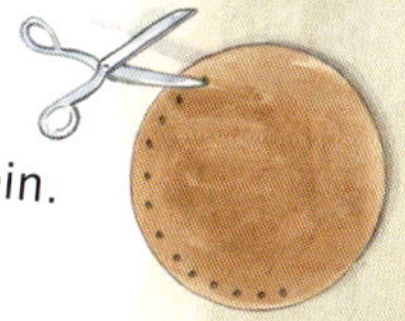

3. Zieh eine Schnur durch die Löcher und binde den Beutel zu.

Jeder Prärie-Indianer besaß einen Beutel, der seine persönliche Medizin enthielt.

Lies mal weiter!
Seite 22, 28, 66

Feierliche Rituale

Die Indianer kannten viele Arten von Zeremonien – so nennt man feierliche religiöse Rituale.

In einer Schwitzhütte hatten je nach Größe bis zu acht Menschen Platz.

Schwitzen und rein werden

Zur Vorbereitung auf große Zeremonien gab es ein Ritual, das Körper und Seele reinigen sollte. Dazu gingen die Indianer in eine Schwitzhütte, die mit heißen Steinen beheizt wurde. Die Steine übergossen sie mit Wasser, um Dampf zu erzeugen. Nach dem Schwitzbad kühlten sie ihren Körper mit kaltem Wasser oder Schnee ab.

Tanzzeremonien

Oft standen Tänze im Mittelpunkt großer Zeremonien. So fand bei den Prärie-Indianern alljährlich ein Sonnentanz statt. In einer eigens dafür errichteten Hütte tanzten die Indianer bis zur Erschöpfung, während sie durch das offene Dach in die Sonne schauten. Manche fügten sich dabei selbst Schmerzen zu. Der Tanz sollte Himmel und Erde miteinander verbinden.

Bei manchen Ritualen nahmen die Indianer freiwillig Schmerzen auf sich.

Kachina-Tänzer traten in den verschiedensten Verkleidungen auf.

Bei den Pueblo-Indianern gab es den Kachina-Tanz, der eine Verbindung zu den Geistern der Ahnen herstellen sollte. Die Männer trugen bei diesem Tanz Masken und fantasievolle Gewänder.

Besondere Zeremonien

Auch wichtige Lebensstationen wurden mit einer besonderen Zeremonie bedacht. Wenn ein Kind geboren wurde und einen Namen bekam, fand eine rituelle Feier statt. Für Jugendliche gab es eine Pubertätsfeier, die den Übergang ins Erwachsenenleben markieren sollte. Wenn ein Stammesmitglied starb, wurde es feierlich aufgebahrt und man gab ihm Nahrung und Dinge aus seinem persönlichen Besitz für das Totenreich mit ins Grab.

Nicht immer wurden Tote in der Erde bestattet – manche lagen auf Stangengerüsten oder in Bäumen.

Die Sauna der Indianer

Seit Langem weiß man, dass die Schwitzhütte der Indianer zur rituellen Reinigung diente. Sie hatte aber noch einen anderen Effekt: Sie stärkte die Gesundheit. Die Indianer härteten sich durch den Wechsel von Heiß und Kalt ab und wurden widerstandsfähig gegen Fieber und Infektionskrankheiten. Ihre Lebenserwartung war entsprechend hoch: Während ein Weißer durchschnittlich nur etwa 48 Jahre alt wurde, brachten es die Indianer mühelos auf ein Alter von 80 Jahren!

Du entscheidest selbst!

Wie wurden die Kinder der Hopi mit dem Kachina-Kult vertraut? ➡ Seite 12/13
Was sollte der Büffeltanz bewirken? ➡ Seite 52/53

Lies mal weiter!
Seite 32, 42, 52

Nach der Ankunft der Weißen

In den letzten Jahrhunderten hat sich das Leben der Indianer grundlegend verändert. Weiße Siedler verdrängten die Indianer aus ihren Stammesgebieten. Sie töteten die meisten Bisons und raubten den Prärie-Indianern so ihre Lebensgrundlage. Als sich die Indianer wehrten, gingen die Weißen mit Waffen gegen sie vor.

Siedler und Trecks

Unaufhaltsames Vordringen der Weißen

1534: Eine Expedition des Franzosen Jacques Cartier landet an der Mündung des St.-Lorenz-Stroms.
1607: Britische Siedler gründen an der Ostküste die Stadt Jamestown.
1620: Die „Pilgerväter", eine Religionsgemeinschaft, landen an der Ostküste und gründen dort die erste englische Kolonie Massachusetts.
1776: Gründung der Vereinigten Staaten von Nordamerika.
1849: Nach Goldfunden in Kalifornien drängen Tausende Goldsucher in den Westen.

Nachdem Kolumbus 1492 Amerika entdeckt hatte, drangen spanische Eroberer von Süden her nach Nordamerika vor. Auch Franzosen und zahlreiche Engländer kamen und ließen sich als Siedler an der Ostküste nieder.

Durch die Prärie

Anfang des 19. Jahrhunderts war der Osten so dicht besiedelt, dass der Raum knapp wurde. Deshalb beschlossen viele Weiße, nach Westen zu ziehen, wo es Platz für alle gab. Doch dabei durchquerten sie das Land der Prärie-Indianer.

Die großen Trecks

Lange Züge von Planwagen, sogenannte Trecks, machten sich auf den Weg. Jeder Wagen war vollgepackt mit Nahrung, Saatgut, Werkzeug und Haushaltsgegenständen. Bis zu sechs Zugtiere, meist Ochsen, wurden vor einen Wagen gespannt, denn die Ladung wog oft mehr als eine Tonne. Unterwegs wurden die Trecks häufig von Indianern überfallen, die die weißen Eindringlinge von ihrem Land fernhalten wollten. Doch die Siedler waren nicht aufzuhalten.

Die Trecks wurden häufig von Indianern überfallen.

Jagdgesellschaften reisten sogar mit dem Zug, um Bisons abzuschießen.

Rinder- statt Bisonherden

Die Weißen schlossen mit den Indianern zwar Landverträge ab, hielten sich aber nicht daran. Schlimmer noch, sie schlachteten die Bisonherden ab, von denen viele Stämme lebten. Teils taten sie dies aus purer Lust am Jagen, teils um Platz für ihre eigenen Viehherden zu schaffen. Als ab 1869 eine Eisenbahnlinie quer durch den Kontinent führte, schossen sie sogar aus den Zügen auf die Bisons.

Felle gegen Schnaps

Indianer und Weiße betrieben auch Tauschhandel. Die Indianer lieferten Felle und erhielten dafür Glasperlen, Geschirr oder Feuerwaffen. Oft bekamen sie auch Schnaps, den sie aber nicht vertrugen.

Du entscheidest selbst!

Mit welchen Waffen kämpften die Indianer, bevor die Weißen kamen?
➡ Seite 48/49
Was geschah am Fluss „Little Bighorn"?
➡ Seite 64/65

„Der weiße Mann tötet unser Wild, raubt unsere Felle. Und eure große und mächtige Regierung schützt unsere Rechte nicht."

Diese bitteren Worte sprach der Shoshonen-Häuptling Washakie um 1870 zum Gouverneur von Wyoming.

Lies mal weiter!
Seite 10, 28, 46
www.expedition.wissen.de
Pelzhandel

Die großen Verlierer

Je tiefer die Weißen ins Indianerland vordrangen, umso öfter kam es zu erbitterten Kämpfen. Die großen Verlierer waren am Ende die Indianer.

Ein gefürchteter Mann

George Armstrong Custer, Oberstleutnant der US-Armee, war bei den Indianern gefürchtet. Schon oft war er grausam gegen friedliche Indianer vorgegangen. 1876 erfuhr er, dass sich mehrere Tausend Sioux, Arapaho und Cheyenne am Fluss Little Bighorn versammelt hatten. Er beschloss, sie alle zu vernichten.

Der letzte Indianersieg

Doch es sollte anders kommen. Die Indianer waren auf Custers Kavallerie-Regiment vorbereitet. Unter der Führung des jungen Sioux-Kriegshäuptlings Crazy Horse gingen die Indianer am Nachmittag des 25. Juni 1876 zum Gegenangriff über. Custer und viele Männer seines Regiments wurden getötet. Es war einer der wenigen Siege der Indianer über die US-Armee – und sollte der letzte sein.

In der Schlacht am Little Bighorn bezwangen die Indianer die US-Armee.

Überfall in Wounded Knee

Im Dezember 1890 wurde das Indianerdorf Wounded Knee Schauplatz eines schrecklichen Ereignisses. Weil die US-Armee einen Aufstand der Sioux befürchtete, wurden 500 Soldaten dorthin entsandt. Obwohl die Indianer ihre Waffen niederlegten, eröffneten die Soldaten das Gewehrfeuer und töteten 143 Indianer, viele davon Frauen und Kinder. Einige flohen in die Berge und erfroren. Damit war der Widerstand der Indianer gegen die Weißen endgültig gebrochen.

Die Custer-Schlacht in Zahlen

Sioux, Arapaho, Cheyenne unter ihrem Kriegshäuptling Crazy Horse	US-Armee unter ihrem Befehlshaber Oberstleutnant Custer
Truppenstärke: ca. 1000 Krieger	Truppenstärke: 31 Offiziere, 566 Soldaten
Verluste: 40 Tote	Verluste: 268 Tote, 55 Verwundete

Welche Aufgaben hatte ein Kriegshäuptling?
➡ Seite 22/23
Was ist eine Reservation?
➡ Seite 68/69

Im Sioux-Lager Wounded Knee, das auf dieser Karte eingezeichnet ist, töteten US-Soldaten wehrlose Frauen und Kinder.

Lies mal weiter!
Seite 18, 24, 40

Berühmte Indianer

Knack den Code!
9. Von welchem Indianerstamm war Geronimo der Häuptling?
(7. Buchstabe)

Von den vielen konfliktreichen Begegnungen mit Weißen sind uns die Namen einiger Indianer, die sich durch Mut, Besonnenheit und Tapferkeit hervortaten, bis heute ein Begriff geblieben.

Pocahontas

Pocahontas hieß bei den Engländern „Lady Rebecca".

1613 entführten englische Siedler die 18-jährige Pocahontas. Sie war die Tochter des Häuptlings der Powhatan, eines Stammes der Wald-Indianer. Die Siedler wollten ihm Land und Lebensmittel abpressen. Weil der Häuptling seine Tochter nicht freikaufte, blieb sie bei den Engländern. Sie heiratete den Tabakpflanzer John Rolfe und reiste 1616 mit ihm und ihrem Baby nach England. Auf der Rückreise wurde sie krank und starb.

Obwohl Sitting Bull nach seiner Rückkehr aus Kanada friedlich lebte, wurde er getötet.

Am englischen Hof wurde Pocahontas neugierig bestaunt.

Sitting Bull

Sitting Bull war Medizinmann und Häuptling der Hunkpapa-Sioux. Wegen seiner Tapferkeit erhielt er schon als Jugendlicher den Kriegernamen „Tatanka Yotake" – „Sitzender Büffelstier". 1876 beteiligte er sich an der Schlacht am Little Bighorn, indem er Medizin für die Krieger bereitete. Danach musste er mit seinen Gefolgsleuten nach Kanada fliehen. Nach seiner Rückkehr wurde er festgenommen und 1890 heimtückisch erschossen.

Die verschiedenen Namen von Sitting Bull

- „Springender Dachs" – sein Kindername
- „Vier Hörner" – sein erster Kriegername
- „Sitzender Büffelstier" – der Kriegername, mit dem er berühmt wurde

Mit einer kleinen Kriegerschar behauptete sich Geronimo jahrelang gegen Tausende US-Soldaten.

Geronimo

Der berühmte Häuptling der Apachen lebte von 1829 bis 1909. Als mexikanische Truppen seine Familie töteten, schwor er Rache. Mit einer kleinen Kriegerschar überfiel er immer wieder weiße Landbesitzer. Erst nach 15 Jahren Verfolgung wurde Geronimo gefasst. Er kam für drei Jahre ins Gefängnis und musste dann mit den 296 Überlebenden seines Stammes nach Oklahoma in eine Reservation ziehen. Dort lebte er noch 15 Jahre lang, bevor er als 80-Jähriger starb.

Tecumseh

Der Häuptling der Shawnee wollte möglichst viele Indianerstämme dazu bringen, gemeinsam gegen die Weißen zu kämpfen. 1813 kam er in einer Schlacht ums Leben.

„Sollen wir kampflos zusehen, wie unser Volk vernichtet wird? Sollen wir das Land verlassen, das uns der Große Geist gegeben hat, und alles, was uns heilig ist? Niemals! Niemals!"

Mit diesen Worten rief Tecumseh, der Häuptling der Shawnee, zum Widerstand.

Als ich klein war, nannte man mich „Frecher Dachs"!
Heute heiße ich „Flinker Mustang"!
Und in 50 Jahren bist du „Häuptling lahmer Esel", hihi!

Im Laufe seines Lebens konnte ein Indianer verschiedene Namen annehmen.

Lies mal weiter!
Seite 22, 32, 48

Der Weg in die Reservation

Kaum zu glauben

Von den 16 000 Cherokee, die sich im Winter 1838 auf den Weg in die Reservation machten, starben unterwegs fast 4000.

Im Lauf der Zeit hatten die weißen Siedler und die amerikanische Regierung die Indianer zum großen Teil von ihrem angestammten Land verdrängt. Doch die Indianer konnten sich mit ihrer Vertreibung nicht abfinden und gaben keine Ruhe.

Neue Stammesgebiete

Deshalb beschloss die Regierung, den einzelnen Stämmen umgrenzte Gebiete zuzuweisen. Hier sollten die Indianer von nun an leben und den Weißen möglichst fernbleiben. Diese Gebiete nannten sie Reservationen. Die ersten Reservationen entstanden 1786, die meisten in der zweiten Hälfte des 19. Jahrhunderts.

Unter weißer Kontrolle

Für die Indianer hatte die Umsiedlung große Nachteile. Die Prärie-Stämme konnten nicht mehr wie gewohnt auf die Jagd gehen. Daher konnten sie sich nicht mehr selbst versorgen und waren auf die Hilfe der Regierung angewiesen. Außerdem mussten die Indianer in der Reservation viele Vorschriften befolgen: Sie sollten nach den Vorstellungen der Weißen leben und ihre alten Bräuche ablegen. Einige Häuptlinge, wie Tecumseh vom Stamm der Shawnee, leisteten dagegen heftigen Widerstand – doch vergebens.

Der Marsch der Cherokee in die Reservation ging als „Weg der Tränen" in die Geschichte ein.

Von der großen Weite ihres Landes blieben den Indianern nur einige Flecken.

Der Weg der Tränen

Nur wenige Stämme wie die Hopi durften in ihrer vertrauten Umgebung bleiben. Die meisten mussten sehr weit von ihrem alten Stammesgebiet wegziehen. So auch die Cherokee, die 1838 gezwungen wurden, in eine mehr als 1500 Kilometer entfernte Reservation in Oklahoma umzusiedeln. Mitten im Winter mussten sie sich unter der Bewachung von US-Truppen zu Fuß auf den Weg machen. Der lange Marsch war eine Qual. Viele Indianer waren krank, alle litten an Hunger und großer Kälte. So kamen unterwegs Tausende ums Leben.

Neue Reservationen

Dr. Americanus, warum mussten die Cherokee so weit von ihrer Heimat wegziehen?
Die US-Regierung hatte 1837 im heutigen Oklahoma ein riesiges „Indianerterritorium“ eingerichtet. Dort wurden viele Indianer untergebracht. Ende des 19. Jahrhunderts war das Gebiet völlig überfüllt.
Heißt das, die Indianer wurden erneut umgesiedelt?
Genau. Als 1906 der US-Staat Oklahoma gegründet wurde, richtete man neue, kleinere Reservationen in verschiedenen Gebieten ein. Dort fanden die Indianer aber noch schlechtere Lebensbedingungen vor als bisher: Das Land war meist unfruchtbar und öde.
Vielen Dank für das Gespräch.

Lies mal weiter!
Seite 10, 28, 58
www.expedition.wissen.de
Widerstand

Die Indianer heute

Lange Zeit hatten die Indianer in den USA kaum Rechte. Erst 1924 wurden sie als vollwertige amerikanische Bürger anerkannt.

Selbstbestimmt leben

Noch heute leben viele Indianer in Reservationen, von denen es in Nordamerika rund 300 gibt. Doch während sie früher unter der Kontrolle der Weißen standen, haben sie nun ihre eigene Verwaltung. Früher wurden ihre Kinder in Missionsschulen unterrichtet, die oft weit von zu Hause weg waren. Heute gibt es zahlreiche indianische Schulen, in denen auch indianische Sprachen gelehrt werden.

Mit dem Verkauf ihrer handwerklichen Produkte an Touristen bessern manche Indianer ihr Einkommen auf.

Geld verdienen

In den Reservationen leben die Indianer von Landwirtschaft und Schafzucht. Sie verdienen auch etwas Geld durch den Tourismus. Doch viele sind arbeitslos und arm – oft auch alkoholkrank. Deshalb sind viele Indianer in die Städte gezogen, weil sie dort bessere Arbeitsmöglichkeiten finden. Manche Nachkommen von Indianern sind als Künstler sogar weltberühmt geworden.

In den Reservationen herrscht oft große Armut. Viele haben weder Strom noch warmes Wasser.

Hallo, Ben!
Gestern haben wir den Grand Canyon besucht. Diese Felswände und Schluchten sind toll, und ganz unten fließt der Colorado-Fluss. Hier leben die Navajo-Indianer, das hatte ich gar nicht gewusst. Sie verkaufen Schmuck und viele andere Sachen, das sieht alles total schön aus. Ich muss dir dann mal die Fotos zeigen.
Bis dann, Patrick

Ben Steiner
Fürstenstr. 2
80333 München

Beim Powwow wird oft in traditionellen Kostümen getanzt.

Powwow – das große Indianerfest

Im Sommer finden an den Wochenenden häufig Powwows statt; das sind indianische Volksfeste. Aus allen Teilen des Landes kommen die Indianer zusammen, um ihre alten Bräuche wieder aufleben zu lassen. Sie feiern mit Musik, Tanz und traditionellem Essen. Manche tragen dabei ihre Stammeskleidung.

Der Schauspieler Johnny Depp stammt von den Cherokee ab.

Den Kenn ich ja vom Kino!

Du entscheidest selbst!

Wovon ernährten sich die Indianer früher?
➡ Seite 28/29
Welche Rolle spielten Musik und Tanz für die Indianer? ➡ Seite 52/53

Lies mal weiter!
Seite 34, 44, 58
www.expedition.wissen.de
Navajo

Trage die Lösungsbuchstaben der Fragen von 1 bis 9 in die Kästchen auf der Schatzkarte ein.

Trage hier das richtige Lösungswort ein!
Die Zahlen unter den Kästchen zeigen an, von welcher Frage der Buchstabe stammt.

4	1	5	7	9	6	8	2	3

▸ Gewinnspiel siehe Seite 80

1
5
2
8
3
ZIEL

Bekannte Indianerstämme

Hopi

Sie gehörten zu den Pueblo-Indianern. Ihre Heimat war in Arizona, wo sie noch heute leben. Ihre Dörfer bestanden aus übereinandergestapelten Lehmbauten mit Flachdächern.

- Nannten sich selbst „friedliche Leute“
- Bewässerten ihre Felder
- Bauten Mais, Bohnen und Kürbisse an
- Berühmt für ihre Töpfer- und Webkunst
- Suchten durch religiöse Tänze Verbindung zur Geisterwelt
- Besonders bekannt: der Schlangentanz

Navajo

Sie kamen vor ca. 900 Jahren aus dem Norden und siedelten sich in der Nachbarschaft der Pueblo-Indianer an. Noch heute leben die Navajo neben den Hopi in Arizona, ganz in der Nähe des berühmten Grand Canyon.

- Lebten in Rundhütten (Hogans)
- Bauten Mais, Obst und Gemüse an
- Betrieben Schafzucht
- Lernten von den Pueblo-Indianern die Webkunst
- Betrieben Töpferei und Korbflechterei
- Besonders berühmt für ihren Silberschmuck

Apachen

Ihr Stamm bestand aus mehreren Gruppen, die teilweise Nachbarn der Pueblo-Indianer waren, teilweise in der Gegend der Prärie-Indianer lebten. Sie waren wegen ihrer räuberischen Art sehr gefürchtet.

- Ihr Name bedeutet „Feind“
- Überfielen manchmal die Dörfer der Pueblo-Indianer
- Waren nicht sesshaft, sondern zogen von Ort zu Ort
- Wohnten in kleinen Strauchhütten
- Konnten sogar in der Wüste überleben
- Ernährten sich von Wild und gesammelten Früchten

Comanchen

Sie gehörten zu den Prärie-Indianern und lebten hauptsächlich von der Jagd auf Bisons. Ihr Stamm bestand aus mehreren Untergruppen.

- Nannten sich selbst „das Volk“
- Von den Cheyenne als „Schlangenvolk“, von den Sioux als „Feinde“ bezeichnet
- Galten als die besten Reiter in ganz Amerika
- Bezeichneten Pferde respektvoll als „Gotteshunde“
- Betrachteten viele Nachbarstämme als ihre Feinde
- Bekämpften auch die Weißen, um ihr Stammesgebiet zu verteidigen

Cherokee

Diese Wald-Indianer waren einst ein mächtiges Volk mit einem riesigen Stammesgebiet im Osten der heutigen USA. Doch als die Europäer nach Amerika kamen, wurden sie immer mehr von ihrem Land verdrängt.

- Passten sich den Weißen an und galten als sehr zivilisiert
- Besaßen ein eigenes Alphabet, mit dem sie lesen und schreiben lernten
- Errichteten nach dem Vorbild der Weißen eigene Schulen
- Trieben regen Handel mit den Weißen
- Ließen sich teilweise zum Christentum bekehren
- Mussten 1838 trotzdem umsiedeln, wobei viele Cherokee unterwegs starben

Irokesen

Sie lebten im nordöstlichen Waldland im heutigen Kanada in umzäunten Dörfern. Ihre Häuser boten Platz für mehrere Familien und waren bis zu 30 Meter lang. Sie nannten sich selbst „Haudenosaunee", das bedeutet „Volk des langen Hauses".

- Lebten vom Ackerbau und pflanzten Tabak
- Hatten oft blutige Auseinandersetzungen innerhalb des Stammes
- Schlossen sich dann zu einer Art Staat, dem Irokesenbund, zusammen
- Führten viele Kriege mit anderen Stämmen und skalpierten ihre Feinde
- Rotteten die Huronen fast vollständig aus

Internetadressen

Suchmaschinen
http://www.milkmoon.de/
http://www.blinde-kuh.de/
http://www.trampeltier.de/
http://www.helles-koepfchen.de/
http://www.kindercampus.de/clikks/

Indianerstämme
http://www.indianerwww.de/indian/index_st.html
http://www.wilder-westen-web.de/is-vor.htm
http://www.indianer-welt.de/
http://www.helles-koepfchen.de/artikel/834.html
http://www.helles-koepfchen.de/artikel/840.html
http://www.helles-koepfchen.de/artikel/838.html
http://www.helles-koepfchen.de/artikel/837.html
http://www.helles-koepfchen.de/artikel/835.html
http://www.indianer-web.de/
http://www.indianer.de/
http://www.welt-der-indianer.de/
http://www.blinde-kuh.de/indianer/
http://www.indianer-reservation.de/
http://www.br-online.de/kinder/fragen-verstehen/wissen/2003/00265/

Wie die Indianer wohnten
http://www.indianermuseum-bretten.de/
http://www.karl-may-stiftung.de/museum/
http://www.indianer-welt.de/museen/index.htm
http://www.indianland-museum.ch/

Kochen und Essen
http://www.indianer-web.de/gegwart/koger.htm
http://www.indianermagazin.de/essen/index.asp

Sprache und Verständigung
http://www.indianer-web.de/ursprung/sign/sign.htm
http://www.kinderdieserwelt.de/index.php?vpf=tindi
http://www.oebv4kids.at/indianer/zeichensprache.html
http://www.welt-der-indianer.de/wort-schrift/zeichensprache.html
http://www.indianerwww.de/indian/verstaendigung.htm

Kleidung und Kunsthandwerk
http://www.helles-koepfchen.de/artikel/674.html
http://www.radlhammer.com/indianer/kunst.htm

Musik, Tanz und Geister
http://www.blinde-kuh.de/indianer/NAAoG/powwow-wochende.html
http://www.indianer-web.de/nordwest/potlach.htm
http://www.powwow-kalender.de/lexikon/einleitung.htm
http://www.red-road-singers.de/Powwow/powwow.html

Die Inhalte aller Internetadressen in diesem Buch wurden mit größtmöglicher Sorgfalt ausgesucht. Die Inhalte der Seiten können aber jederzeit von den Anbietern geändert werden. Daher übernehmen wir trotz sorgfältiger Prüfung keine Haftung für die Richtigkeit, Vollständigkeit und Aktualität dieser Webseiten.

Worterklärungen

Bemalung An ihr konnte man erkennen, zu welchem Stamm die Indianer gehörten und welche Taten sie schon vollbracht hatten. Die Farben wurden aus Pflanzen, Mineralien und Fett gewonnen und dienten auch als Sonnenschutz.

Bison Büffel oder Wildrind. Das Fleisch des Bisons war das Hauptnahrungsmittel der Prärie-Indianer. Zu Beginn des 19. Jahrhunderts lebten in den USA etwa 50 Millionen Bisons. Als weiße Jäger kamen und die Bisonherden vernichteten, hatten die Prärie-Indianer ihre Lebensgrundlage verloren. Ende des 19. Jahrhunderts gab es in den USA dann nur noch ungefähr 600 Bisons.

Gerben Herstellung von Leder. Dabei wird Tierhaut durch chemische Verfahren haltbar gemacht. Der Vorteil ist, dass gegerbtes Leder nicht verfaulen kann und geschmeidig bleibt.

Großer Geist Nach dem Glauben der Indianer eine überirdische Kraft, die in allen Dingen dieser Welt wohnt. Die Indianer glaubten nicht an einen einzigen Gott.

Häuptling Vorsitzender des Stammes- oder Ältestenrates. Von einem Häuptling wurden Tapferkeit, Großzügigkeit und Umsicht erwartet. Bei einigen Stämmen gab es Friedenshäuptlinge, die ihr Amt vererbten, und Kriegshäuptlinge, die für Kriegszüge bestimmt wurden.

Hogan Kuppelbau der Navajo. Aufbau: ein Gerüst aus Baumstämmen, das mit Erde abgedichtet war.

Kachina Die Geister der Hopi und Zuni. Kachina-Tänzer traten bei Festen mit Masken auf und stellten Geister und Dämonen dar. Mit kleinen Kachina-Puppen erklärte man den Kindern diese religiösen Vorstellungen.

Kalumet Zeremonielle Pfeife, die bei feierlichen Anlässen geraucht wurde. Bei einigen Stämmen wurden mit dem Rauchen der Pfeife wichtige Verträge oder Beschlüsse besiegelt. Der Ausdruck „Friedenspfeife" wurde von den Weißen erfunden, weil dieser feierliche Brauch auch bei Friedensgesprächen üblich war.

Kopfschmuck Manche Stämme trugen Büffelhörner als Kopfschmuck. Die bekannten Federhauben aus Adlerfedern gab es vor allem bei den Prärie-Indianern.

Lacrosse Beliebtes indianisches Ballspiel, bei dem es meistens sehr rau zuging. In Kanada gilt das Spiel heute als Nationalsport.

Langhaus Haus der Irokesen. Hier lebten mehrere Familien unter einem Dach zusammen.

Leggings Eng anliegende Hosen aus Hirschleder, die am Gürtel befestigt wurden.

Mais Getreidepflanze, die von den Indianern kultiviert wurde. Man kann Mais schon um 3500 v. Chr. als Kulturpflanze nachweisen.

Medizin Darunter versteht der Indianer Dinge, denen eine magische Energie innewohnt. Diese lässt sich auf Menschen übertragen und sorgt für Heilung.

Medizinmann Jemand, der „übernatürliche Fähigkeiten" besaß und diese einsetzte, um Kranke zu heilen oder auch die Zukunft vorherzusagen.

Mesa Verde Felsenwohnungen, die von den Anasazi, den Vorfahren der Pueblo-Indianer, gebaut wurden. Das berühmteste Bauwerk ist der Klippenpalast.

Mokassin Schuh der Indianer, der aus weichem Hirschleder gefertigt war.

Pemmikan Brei aus getrocknetem Büffelfleisch, Fett, Beeren und Wurzeln. Er wurde in Lederbeuteln aufbewahrt und war bei Reisen und im Winter ein wichtiger Nahrungsvorrat.

Pferd In vorgeschichtlicher Zeit gab es in Nordamerika große Pferdeherden. Sie waren bis ca. 7000 v.Chr. ausgestorben. Spanische Eroberer kamen im 17. Jahrhundert mit vielen Pferden nach Amerika. Einige Tiere entliefen und lebten in Freiheit. Die Apachen waren durch Diebstahl oder Tauschgeschäfte an Pferde gekommen. Die Comanchen begannen mit der Pferdezucht. Aus diesem Gebiet kamen die Pferde dann weiter nach Norden und wurden dort für die Prärie-Indianer sehr wichtig für die Jagd und den Krieg.

Potlatch Fest der Küsten-Indianer, bei dem der Gastgeber verpflichtet war, seine Gäste reich zu beschenken.

Powwow Indianisches Volksfest, das bis heute mehrmals im Jahr stattfindet. Dabei treffen sich Angehörige verschiedener Stämme an einem Ort und lassen mit Musik und Tanz ihre alten Traditionen wieder aufleben.

Reservation „Schutz"gebiet der Indianer. Die amerikanische Regierung zwang viele Stämme, in Reservationen umzuziehen. Diese Landstriche lagen meist in unwirtlichen Gegenden mit schlechtem Boden. Oft gab es hier auch kein Wasser.

Schamane Ein Mensch, der magische Fähigkeiten besaß. Er konnte bei Traumreisen mit geistigen und göttlichen Wesen Verbindung aufnehmen und erlebte meist → Visionen. Schamanen bezeichnete man auch als → Medizinmänner.

Schwitzhütte Mit Schwitzen wollten die Indianer von äußerlichen und inneren Beschwerden geheilt werden. In Schwitzhütten saßen Männer zusammen, die sich dabei mythische Geschichten erzählten.

Tipi Stangenzelt der Stämme, die zwischen dem Mississippi und dem Großen Felsengebirge lebten.

Tomahawk Kriegsbeil, das als Schleuderwaffe oder Keule benutzt wurde.

Totem Tier, Pflanze oder Gestirn, von denen eine Gruppe von Menschen glaubte abzustammen. Das Totem besaß übernatürliche Kräfte, die sich auf die Menschen, die das Totem verehrten, übertragen sollten.

Travois Schleppgerüst aus langen Stangen, dessen hinteres Ende auf den Boden reichte. Meist dienten Pferde als Zugtiere. Mit diesen Schleppgerüsten transportierten die Indianer ihre Habe.

Vision Traum in wachem Zustand.

Wampum Gürtel, der meist aus Perlen oder Muscheln bestand. Das Wampun wurde als Erinnerung an Friedensschlüsse zwischen zwei Stämmen ausgetauscht. Später diente es auch als Zahlungsmittel.

Wigwam Kuppelhütte der Waldindianer im Gebiet der Großen Seen. Das Gestell bestand aus Ästen, die kreisförmig in die Erde gesteckt und oben zusammengebunden wurden. Es wurde mit Rinde bedeckt.

Zeremonie Feierliche religiöse Handlung mit festen Regeln.

Register

Bildnachweis

PantherMedia GmbH: Umschlagvorderseite (Hintergrund)
iStockphoto: Umschlagvorderseite (Indianer, Zelt), 53 (Trommel), 55 (Feder)
CORBIS: Seite 11 (George H.H. Huey), 30, 45 o.l. und o.r. (Richard A. Cooke), 45 u. (Pete Saloutos), 55 u. (Werner Forman), 70 (Michael S. Lewis), 71 (Lisa O'Connor/ZUMA)
Fotosearch: Seite 13, 53 (Rassel)
DLM Deutsche Ledermuseum, Offenbach: Seite 35 (beide),
stock.xchng: Seite 53 (Flöte)

Bibliografische Information Der Deutschen Nationalbibliothek

Die Deutsche Nationalbibliothek verzeichnet diese Publikation in der Deutschen Nationalbibliografie; detaillierte bibliografische Daten sind im Internet über **http://dnb.d-nb.de** abrufbar.

4 3 2 1 11 10 09 08

Postfach 1860 D-88188 Ravensburg

Text: Rita Steininger
Illustrationen: Johann Brandstetter; Thomas Thiemeyer (47, 54/55), Susanne Bräunig & Harald Vorbrugg (11, 28 l.), Ursel Maiorana (26, 30, 42, 43 u., 59 u., 70)
Redaktion: Tina Beutner
Umschlagkonzeption: Dirk Lieb
Typografie und Satz: Ulrike Schneider
Printed in Germany
ISBN: 978-3-473-55160-6

www.ravensburger.de

Schicke uns eine Karte mit dem richtigen Lösungswort oder eine E-Mail.
Wir verlosen jeden Monat 10 Buchpakete unter den Einsendern!

Gewinnspiel-Adresse:
Ravensburger Buchverlag
Otto Maier GmbH
Kennwort „Expedition Wissen"
Postfach 2007
88190 Ravensburg
Deutschland

Mailadresse:
buchgewinnspiel@ravensburger.de,
im Betreff Kennwort „Expedition Wissen"

Du kannst auch **online** am Gewinnspiel teilnehmen! Trage das Lösungswort ein unter der Rubrik „Knack den Code" auf der Seite **www.expedition.wissen.de**.

Viel Glück!